CW00516974

© Tutti i diritti riservati

1

GIULIANO LONGO

PENSIERI DIETRO L'ANGOLO

Ma il mare è sempre più blues

A chi trattiene ad occhi chiusi un istante di respiro,
scendendo in apnea tra i pensieri dell'anima.

Premessa

Nessuno vorrebbe arrivare all'angolo e trovarsi davanti un ostacolo, a ricordargli che oltre quel punto non si va, che tutto termina lì nell'angusta porzione di spazio compresa tra due semirette aventi la stessa origine.

Eppure un angolo ha due facce: può avvenire un boato, una deflagrazione, nel punto esatto in cui due forze convergono scendendo a compromessi: partite da punti diversi, esse si ritrovano, limitano il proprio ego, e in quel punto preciso stabiliscono la propria nuova dimensione.

Trovarsi collocati all'angolo, soli e tristi, può far provare un profondo malessere. Pensare di stare in compagnia con sé stessi, con i propri bisogni, desideri e passioni, aiuta però pian piano a rimettersi in gioco e può quindi capitare di non sentirsi affatto bloccati e spaventati, ma di sentirsi al sicuro, in un concentrato di energie che sono sostegno per il corpo e per l'anima.

Nel viaggio della nostra vita siamo spesso spaventati dalle nostre ombre, le stesse che non ci abbandonano mai nella ricerca della felicità e nell'avanzare nel mondo. Sono proprio loro che ci spingono a guardare verso il sole e apprezzare i colori della natura in cui siamo immersi. Il tempo è ora. Pensare che è stato o che sarà, è il più grande ostacolo alla felicità. Impariamo ad abbracciare amici, amori, amanti, colleghi, vicini che ci fanno sorridere, con cui spiccare il volo, vedere nuovi orizzonti, nascere, crescere e rinascere ancora. La vita è una combinazione di suoni alti e bassi, e di silenzi, che susseguendosi e accompagnando precisi ritmi, danno forma a una grande armonia.

Ho sempre pensato di schivare il mondo, ma c'è un momento in cui il dolore ti rovina addosso e allora non lo puoi dribblare, ti schiaccia. Mi difendevo dalle avversità della vita e da me stesso, col distacco e la rassegnazione, credendo che bastassero per superarle. Mi sbagliavo, perché il distacco e la rassegnazione possono essere tutt'al più il fine della consapevolezza, non il mezzo per evitarla. Le giornate per diventare grandi hanno bisogno di piccole cose. L'incontro con uno sconosciuto che fa le tue stesse semplici azioni, gli stessi tuoi gesti, seduto a pochi passi da te, immerso tra le rughe dei suoi pensieri con lo sguardo fisso e perduto nel mare della vita, ti ispira in un attimo di empatia, un sia pur semplice saluto di sfuggita. Intuisci, negli incontri successivi, che proviene anch'egli dai tuoi stessi uragani, tempeste, venti sgradevoli, periodi di siccità, e come te, siede languidamente a pescare – dalle risorse più profonde e primordiali – quella forza con cui domani possa godere ancora delle belle stagioni che prima o poi sicuramente verranno.

Ogni persona deve avere un amico o, per meglio dire, un vero amico. Molto spesso siamo portati a definire "amici" quelli che magari incontriamo solo il sabato sera e con cui scambiamo quattro chiacchere, o tutti quei profili che imperversano nei vari *social* – molti dei quali addirittura virtuali – che servono solo ad ingrossare la fila dei *followers*, ma non ci rendiamo conto che la maggior parte di queste persone sono solo dei semplici conoscenti. Il vero amico è colui col quale si può parlare senza filtri, a cui sai di poter contare, che ti potrà avvisare se stai commettendo un errore, che riesce spesso a farti vedere le cose anche da un'altra prospettiva, e ti aiuta nei momenti difficili. Spesso quando siamo in compagnia di semplici conoscenti, tendiamo a indossare una maschera, un velo, in modo tale da non rivelare pudicamente la nostra vera personalità. Con il nostro migliore amico è invece tutto diverso; possiamo essere e rimanere noi stessi, senza aver paura di venire giudicati.

È un rapporto che non si può creare in breve; il tempo è l'unico strumento per conoscere bene una persona e decidere di confidarsi. Nonostante, durante il nostro ciclo di vita, gli amici cambino e cambi anche il valore che attribuiamo all'amicizia stessa, ogni tanto succede che qualcuno ti prenda per mano e non ti lasci più, anche quando molli la presa. Per me questa è la vera amicizia, quella che quando voli troppo in alto, o quando stai sprofondando, tiene la presa e ti fa rimanere te stesso, ti aiuta ad avere radici, senza impedirti di volare.

Ho avuto anch'io un amico con cui condividevo l'hobby della pesca fatta con la canna, da sopra una scogliera, armati di tanta pazienza, assiduità e costanza. Stavamo ore a parlare e anche a stuzzicarci, ridendoci poi sopra. Non mi ricordo se abbiamo mai toccato qualche argomento che ho riportato in queste pagine... forse sì o forse no. Da giovani le nostre riflessioni erano certamente più prosaiche, ma mi piace pensarlo ancora presente, nella nostra dimensione, a fianco a me, seduto sorridente su quello scoglio con la sua lunga e pesante canna di bambù, *"ansante, roseo, molle di sudore, come dopo una gioconda corsa di gara per salire un colle"*, cocciutamente intento a pescare utopie, desideri e speranze di un'indimenticabile, incantevole età, ormai oblìo dei sogni e della giovinezza.

23 Agosto 2023

Personaggi dialoganti:

- *SERGIO, laureato in Filosofia Spicciola e Master in Dialogo Filosofico e Arte della conversazione c/o Università Suor Orsola Benincasa;*

- *FRANCO, laurea in Scienze della Pesca e Master in Psicologia Ittica c/o Università Ca' Foscari.*

"La felicità della tua vita dipende dalla qualità dei tuoi pensieri...
Abbi cura di non coltivare nozioni inadatte alla virtù e di natura ragionevole."
(Marco Aurelio)

"Pensa il pensiero che ti pensa a cui non hai mai pensato di pensare."
(G. Nardone)

È già Agosto? Non ci posso credere!
La mia vita sta passando troppo veloce.
La mia unica speranza è che si vada ai tempi supplementari!
(Charles M. Schulz)

Se potessi dare un calcio nel sedere alla persona responsabile dei tuoi problemi...
non ti potresti sedere per un mese.
(T. Roosevelt)

IL SENSO DELLA VITA

–Beh, che si fa oggi? Abbocca qualcosa o no?

–Ciao Sergio, bentornato! Ho gettato un altro poco di pastura, spero che si avvicini qualche branco di pesci. C'è una lieve brezza e la corrente marina sembra favorevole, però ho preso solo due piccole occhiate in un'ora che sto qui.

–Dove sono? Posso dare un'occhiata alle tue occhiate...? Come va, intanto?

–Caro Franco, il *"Panta rei"* di Eraclito mi è difficile da digerire, quasi come uno sgombro fritto, mangiato a mezzanotte!

–Eh lo so, lo è anche per me e per tutti, non solo per te.

–Ti potrei dire, altrimenti, che va abbastanza bene, però... però lo scorrere della vita...

–Franco, il problema in assoluto più grande per ogni umana creatura è accettare la fugacità di tutto l'essere, la precarietà, l'impermanenza. Non si può accettare se non trovando un punto "archimedeo", fuori dal tempo, da cui osservare e riconoscere l'eterno divenire.

Noi non siamo solo tempo, caro amico. Siamo tempo e siamo eternità! Il punto è che si cresce in una cultura – dacchè veniamo al mondo – che concentra tutta la sua attenzione sulla temporaneità; una cultura come quella borghese dove è stato addirittura distorto, alterato e stravolto, il valore del tempo. Valore che può essere positivo solo se si aggancia alla dimensione eterna e spirituale. Quante volte hai udito sostenere che "Il tempo è denaro!"...

–Lo so, si considerano importanti e necessarie solo la produzione, il profitto, il consumismo, produrre a ritmi spaventosi per consumare sempre di più. Il mercato, in tempi attuali, ha sostituito Dio. Più che mai oggi, con la concentrazione enorme della ricchezza nelle mani di un manipolo di ricchi.

Finchè noi fermiamo l'attenzione solo sulla temporaneità, siamo disperati... e non possiamo non esserlo, perchè l'unica prospettiva che abbiamo davanti – assolutamente certa – è il dissolvimento con la morte.

–Sono d'accordo con te! Possiamo essere soddisfatti per un breve periodo, ottanta, novanta, cent'anni – sempre se si sta bene in salute – ma se poi subentra in noi una qualche grave patologia – com'è successo a Steve Jobs, tanto per fare un esempio illustre – allora ti accorgi improvvisamente della fugacità di questa vita.

Questi, fra l'altro, si espresse così, poco prima della sua fine: «Qualche volta la vita ti colpisce alla testa con un mattone, ma non bisogna perdere la fede. Sono convinto che l'unica cosa che mi abbia fatto andare avanti sia stato l'amore per ciò che ho fatto. Bisogna trovare quel che si ama, e questo è vero sia per il nostro lavoro sia per le persone care. Il vostro impegno riempirà gran parte della vostra vita, e l'unico modo per rimanere davvero soddisfatti è fare ciò che crediamo essere un ottimo lavoro. L'unico modo per fare un ottimo lavoro è amare quello che facciamo. Se qualcuno di voi non l'ha ancora trovato, continuate a cercare. Non accontentatevi, ve lo dico con tutto il cuore, lo capirete quando lo troverete. E come in tutti i grandi rapporti, migliorerà con il trascorrere del tempo. Continuate quindi a cercare fino a quando lo troverete. Quando avevo diciassette anni, lessi una citazione che diceva più o meno così: "Se vivrai ogni giorno come se fosse l'ultimo, constaterai prima o poi che hai fatto bene". Ciò mi colpì e da allora, nei trentatrè anni successivi, mi sono guardato ogni mattina allo specchio chiedendomi: Se oggi fosse l'ultimo giorno della mia vita, avrei davvero voglia di fare quello che sono in procinto di fare adesso?».

–È vero, caro Franco. Gli uomini vivono spesso la loro vita con superficialità, senza soffermarsi a riflettere su ciò che possiedono e ciò che stanno effettivamente facendo; si accorgono dello scorrere inesorabile del tempo solo in sporadici momenti di riflessione. Ciò che, in primo luogo, impedisce di apprezzare le piccole cose e godersele, è il ritmo frenetico della vita. Pensiamo sempre al futuro, e in attesa di raggiungere qualcosa, lasciamo che il tempo scorra, senza sfruttarlo appieno. Tendiamo a pensare al domani, immaginando qualcosa di migliore rispetto al presente. Nel bellissimo film "L'attimo fuggente" si riprende la famosa espressione *Carpe Diem* di Orazio. "Cogliete l'attimo ragazzi, rendete straordinaria la vostra vita". All'interno del film a far riflettere è il professore John Keating (Robin Williams), il quale spiega ai suoi alunni che la poesia non è un elemento decorativo, geometrico, bensì il sentimento dell'uomo. Ciò che vuole insegnare il professore ai ragazzi è di sfruttare il tempo a loro disposizione per coltivare le proprie passioni; questo porterà uno di loro a disobbedire al padre, che, pensando al futuro del figlio, vuole impedirgli di sviluppare la propria passione. Per questo motivo il ragazzo deciderà di suicidarsi e quindi di giungere alla pace, piuttosto che vivere una vita di sofferenze.

Riflettendo un po' sul mio percorso esistenziale, io mi ritrovo in una casa che sono riuscito a realizzare a costo di enormi sacrifici. Per quanto tempo ancora ne potrò usufruire e godere: vent'anni? Forse trenta, se mi andrà bene? Dopodichè dovrò lasciarla. Che fine farà? Ha avuto senso costruirla impegnando tante risorse ed energie...? Beh sì, credo proprio di sì, perchè è la mia dimora ed è funzionale allo svolgimento della mia vita, finchè sono ancora vivo. So già che arriverà il momento in cui dovrò lasciarla. Ma quel che più conta è acquisire un contatto con la parte eterna del nostro essere, sentire che noi non siamo solo fisicità, ma essenzialmente spirito. E questo, Franco, lo puoi sperimentare se vivi i tuoi interessi spirituali: la tua musica, la lettura, un incontro amicale con una persona con cui si condividono determinate passioni, hobby, attrattive, relazioni...

–Caro Sergio, questo purtroppo avveniva facilmente da adolescenti e in gioventù. Ora è più difficile incontrare persone che manifestino verso di te affinità elettive. Viviamo immersi a capofitto nei vari *social* e – senza per questo escludermi, ritenendomi ottusamente innocente – manifestiamo invece una certa chiusura nel reale, soprattutto dopo quanto successo in questi ultimi tempi, dove il virus della disgregazione sociale – forse molto più pericoloso e distruttivo di quello "pandemico" – minaccia la nostra collettività. C'è da dire poi che col passare delle stagioni, una volta sposati, si possono creare tanti cambiamenti nel carattere e comportamento degli amici. Subentrano altri problemi e inoltre ingerenze da parte del coniuge, a cui bisogna giustamente dar conto.

–Ma tutto questo è senz'altro fisiologico. Le stagioni della vita cambiano e pretendere di fermare il tempo per eternizzare i momenti lieti è un qualcosa di profondamente sbagliato.

Tu ti poni davanti all'immenso, eterno interrogativo dell'umanità: "Che senso ha la mia vita?". Sto da più di sessant'anni qui sulla terra... ma per quale motivo, per fare cosa?...

–Appunto ponendomi questo angoscioso quesito mi chiedo: la mia funzione precisamente qual'è? Ieri la Chiesa ha festeggiato il battesimo di Gesù, avvenuto nel fiume Giordano. Anche noi, quando siamo stati battezzati e liberati dal peccato, siamo rigenerati e diventati ufficialmente figli di Dio. Ora, se io sono figlio di Dio, quando Lui mi ha creato, cosa si aspettava esattamente da me?

–Lo devi sapere tu, però. È questo il punto. Tu parti anche da una posizione, per così dire, più protetta rispetto a me, perchè credi nell'esistenza di un Dio Creatore che ti ha messo al mondo. Io, invece, sono in una posizione alquanto scomoda, perchè non credo in Dio.

–Caro Sergio, è vero, però la mia fede ha bisogno di essere sostenuta ogni giorno e di crescere, poichè i dubbi che mi attanagliano sono tanti. Devo dire che alcune volte sono

17

rimasto alquanto deluso quando ho ascoltato persino il prete che conosco, sostenere che anch'egli nella vita ha avuto e continua ad avere qualche cedimento. La sua incrollabile fede rischia un po' di vacillare, e le certezze diventano in quei momenti un po' meno assolute. Proprio per questo motivo, soprattutto quando sono in chiesa, prego spesso il Signore chiedendogli di accrescere la mia fede, pur sapendo che una simile richiesta sia sbagliata, in quanto, donandoci il libero arbitrio, è esclusivamente compito nostro fortificarla o meno. Però, se mi desse un aiutino... sarebbe per me davvero ben accetto!

–Kierkegaard diceva che la vera fede è fatta di dubbi. Il credente non è mai certo che Dio ci sia veramente: è sempre dubbioso. Io ho fatto una scelta netta: non credo e non posso credere, per via delle mie riflessioni filosofiche, nell'esistenza di Dio. Quindi devo dare un senso alla mia vita prescindendo dalla fede in un essere che è il "senso assoluto" e di conseguenza dà senso a tutto.

–Ciò che a me fa riflettere è come anche gli scienziati, che usano il pensiero razionale – il logos – come strumento e punto di partenza per conoscere le leggi dell'universo, siano divisi in "credenti" e "non credenti". Molti di essi sono seguaci del "Creazionismo", quella corrente di pensiero che ritiene che l'universo, la terra, l'uomo, siano stati creati dalla "Causa Prima", cioè Dio. Altri invece sostengono tutt'altro, e il loro motto, in estrema sintesi, è: "Credo più a Darwin e non alla Bibbia".

–Diciamo pure che l'ateo, molto spesso, non è che un "credente rovesciato". Il pericolo maggiore per la Chiesa non sono però tanto gli atei, quanto, al limite, gli agnostici, i quali non esprimono nessuna opinione nè a sostegno nè contro, riguardo l'esistenza di Dio. Non c'è in loro la negazione a priori del divino, ma la personale constatazione che non se ne possa avere alcuna conoscenza metafisica. Non si sbilanciano perciò nè da una parte nè dall'altra e non negano, nè sostengono, l'esistenza di Dio. Affermano, al contrario, di non essere in grado di prendere una decisione perchè la loro conoscenza su quest'argomento è troppo limitata.

Io, d'altra parte, riflettendo appieno, non mi definisco propriamente ateo, perchè quelli che sono gli attributi che si assegnano a Dio, nella Teologia classica, per me sono attributi propri dell'uomo, della psiche: in particolare dell'inconscio! Si può fare una lettura simbolica di tanti dogmi della tradizione teologica ecclesiastica cristiana, come anche di altre religioni. Prendiamo ad esempio il mistero della Santissima Trinità: in esso la ragione si perde, lo rifiuta, si blocca. Dio è simultaneamente uno e trino... com'è possibile?

–Ma i dogmi sono subentrati strada facendo, lungo il cammino della Chiesa nel corso dei secoli... a cominciare dal concilio di Nicea, se ben ricordo.

–Certo, Franco! A Nicea, poco oltre il trecento d.C. – non ricordo adesso l'anno preciso – si cercò di appianare le aspre divergenze venutesi a creare nelle tante comunità cristiane sparse nell'impero romano di Costantino.

–Ma a prescindere da tutto, come si fa a non credere all'esistenza di un Dio Creatore? Franco Battiato, che io ho seguito tanto dal punto di vista musicale e di cui ho visto i film che ha realizzato oltre agli innumerevoli video in cui veniva spesso intervistato, è stato un appassionato studioso di filosofie e religioni, da quelle occidentali a quelle orientali. Ha letto e studiato la vita dei più grandi mistici, attraversando quindi tradizioni esoteriche e religiose molto diverse tra loro. Questo grande artista ha infarcito le sue canzoni di contenuti religiosi e molti rimandi alla spiritualità. Nemmeno i suoi biografi sanno spiegare qual'è precisamente il Dio di Battiato; tuttavia lui ci credeva, e ricordo che ripeteva spesso nelle interviste, al proprio interlocutore, la frase: "Come si fa a non credere all'esistenza di un essere supremo?". Considerava quindi razionalmente incomprensibili le posizioni e le argomentazioni degli atei.

–Ma torniamo a noi, al discorso iniziale... tanto qua di pesci non si nota ancora nessuna traccia e i galleggianti delle nostre canne ballano malinconicamente in superficie, seguendo pazientemente la danza delle onde del mare...

Stai cercando il senso della tua vita, ma il senso lo puoi trovare esclusivamente se entri in contatto con la tua individualità, con la parte eterna del tuo essere. Se devo raccontarti di me, delle mie esperienze psichiche, dovrei partire dall'età di otto anni, quando di punto in bianco ebbi una crisi improvvisa di pianto che durò tre giorni, mandando in allarme i miei poveri genitori... ma sarebbe una cosa troppo lunga. Fu quella la primissima volta in cui mi resi improvvisamente conto della caducità umana, e fui preso dal terrore di perdere mio padre e mia madre, restando così solo e indifeso. A un certo punto, attorno ai ventiquattro anni, la mia vita ebbe una svolta radicale. A quei tempi, ricordo, mi preparavo ad un esame di psicologia, studiando su un libro che faceva parte del corpus di testi per la prova che dovevo sostenere. In questo libro, che s'intitolava "*Verso una psicologia dell'essere*", scritto da Abraham Maslow, grande psicologo esistenzialista, si parlava di quelle esperienze definite "*stati di estasi*", tradizionalmente vissute dai mistici e dagli asceti che si dedicavano normalmente alla meditazione. Leggevo, compenetrandomi davvero tanto a livello intellettuale ed emotivo su ciò che vi era scritto, cercando di assimilare il tutto, perchè mi affascinava molto il tema trattato. Ad un certo punto, io che studiavo in uno striminzito sgabuzzino i cui lati erano appena due metri per due, ricavato all'altezza della terrazza, su una piccola scrivania...

–Come una celletta di un monaco, di un mistico...

–Proprio così, una celletta monastica... dove però ho avuto anche i primi approcci amorosi con l'universo femminile. Improvvisamente avvertii, dicevo, il bisogno di staccare un po', interrompendo lo studio, e me ne uscii in terrazza. Varcata la soglia venni improvvisamente avvolto da uno stato psichico affascinante e meraviglioso: ebbi la mia prima esperienza di estasi. Mi sentivo, io, il centro dell'universo, e tutto ciò che mi circondava, dalle cose materiali della vita, dalle auto che transitavano giù per strada, gli uccelli che svolazzavano, fino alle stelle lassù nel cielo, sembrava fosse tutta un'immensa sfera che ruotava e io, stando così al centro di tutto, mi sentivo in ogni fibra, in ogni essere, sia vivente che non vivente, e tutto pulsava ed esisteva in me. Era come se ci fosse una permeabilità reciproca... ero parte del tutto e tutto era in me... è difficile trovare le parole più giuste e adatte per spiegare bene tutte queste particolari sensazioni che ebbi in quel meraviglioso momento...

–Ma poi ne hai avute altre di esperienze come questa?

–Ne ho avute a ripetizione per anni: questa è stata la cosa oltremodo affascinante! Il mio inconscio mi ha fatto spesso questo grande regalo. Però da quel giorno la mia esistenza è completamente cambiata! Se non fosse stato per questa esperienza, credimi Franco, io non starei qui ora a dialogare con te. Per tutte le traversie che ho vissuto dopo, e in particolare la disgregazione della mia famiglia, l'allontanamento di mia moglie e dei miei figli, per cui ho vissuto in una completa e desolante solitudine... non avrei affatto conservato il mio equilibrio psichico. Dunque ho attinto abbondantemente alla sorgente dell'inconscio, e ho vissuto la mia eternità...

In poche parole io non credo nell'immortalità dell'anima perchè lo dice la Chiesa, ma perchè l'ho realmente sperimentata. Ho preso contatto con la dimensione eterna del mio essere. Ecco perchè poi ho avuto un atteggiamento diverso verso la morte, che adesso mi angoscia molto meno e che non mi terrorizza più di tanto... Perchè, come ben sai, anche Cristo, sulla croce, ebbe la sua buona dose di paura, supplicando il Padre Celeste con la frase: «*Dio mio, Dio mio, perchè mi hai abbandonato?*». Perciò dico che la paura della morte – una fisiologica paura – è indispensabile per vincere la più grande paura della vita. Io trovo la forza per affrontare la paura del vivere, dell'esistere, attraverso il pensiero della morte e la paura che vi è ad essa legata. Quindi la risposta che si può dare all'interrogativo che da sempre ci crea enormi turbamenti, è proprio questa, e permettimi di dirti, non per piaggeria, che tu sei un'anima grande, perchè non tutti si tormentano con simili interrogativi...

–Sì, ma...

–Prendi coscienza di questo: sei un'anima grande.

–Ho capito, ma parlandone con i miei cari, con mia moglie ad esempio, sento dire che ponendomi tale interrogativo io non vivo, oppure vivo male. Sembra quasi che chi si ponga certe domande abbia una sensibilità più spiccata e voli più in alto rispetto agli altri. Ci sono persone più sempliciotte – terra terra si potrebbe dire – che lavorano, si divertono, passano la serata in pizzeria con gli amici, fanno incontri conviviali con grigliate di appetitosi pesci pescati la domenica mattina in mare – non è certo il mio caso, perchè conosci benissimo le mie scarse doti di pescatore – e basta. Per loro va bene così, sono contenti: la vita è tutta lì!

–Da quello che mi dici, tua moglie però non è così. Probabilmente lei ha avuto un dono, quello cioè di vivere con maggiore naturalezza la sua vita.

–Sì, credo ci sia un buon numero di persone che, come mia moglie, hanno di sicuro una grande sensibilità ma anche un'assenza di problematiche e tormenti vari.

–Bisognerebbe chiedere però a queste persone quanto pensino alla morte, perchè può anche darsi che fuggano davanti a un simile pensiero. Tu invece non fuggi, non svicoli; a te questo pensiero s'impone, irrompendo con forza nella tua anima! Loro non problematizzano per nulla. Forse è quello il modo più giusto di vivere la vita?

Può darsi, però a me non riesce, ed evidentemente neanche a te. Noi stiamo cercando un piano superiore... più alto.

–Eh, ma io ho paura dell'ascensore e non so esattamente quale sia questo piano. Non solo, ma soffro anche di vertigini...

A parte gli scherzi, personalmente non riesco a penetrare bene questo significato.

Ricordo un'intervista ad Alda Merini – trasmessa in televisione – in cui le veniva chiesto cos'era per lei, poetessa, il senso della vita. La risposta era stata: «La vita non ha senso, anzi è la vita stessa che ci dà un senso, sempre se noi la lasciamo parlare, perchè la vita va ascoltata. Una delle prerogative della persona profonda e sensibile è non discutere mai da che parte viene il male, bisogna accettarlo e farlo diventare poesia. Ecco il cambiamento della materia che diventa fuoco... fuoco d'amore per gli altri».

–C'è l'obbligo di dare significato alla nostra vita, solo che questo non è qualcosa di astratto, di estraneo, che va oltre la quotidianità. Ci si chiede spesso cos'è la felicità. Le fiabe finiscono tutte con la famosa espressione: "...e vissero tutti felici e contenti". Non ci dicono mai come fecero però, in modo da imitarli e vivere pure noi in una tale serena e lieta condizione. Cosa facevano in particolare? Si alzavano dal letto, mangiavano, andavano a lavorare, amoreggiavano?... Ma questo è ciò che facciamo pure noi, ogni giorno della nostra vita!

–Io però non riesco a penetrare, a capire esattamente il significato di tutto ciò.

–Franco, in che senso, come diceva la Merini, "è la vita stessa che dà un significato"...? Tu, quando ti svegli la mattina, che fai? Apri gli occhi ed entri in contatto col mondo immediato che ti sta attorno, poi man mano il pensiero va ad un mondo più esteso. Devi andare a fare la spesa, devi andare in ufficio, oppure a trovare un amico, eccetera. Poi ci si allarga ancora, si accende la radio, la tv, si legge il giornale, *internet*, i *social*... con gli intrecci di notizie e avvenimenti che riguardano tutto il globo. Via via si entra quindi in rapporto con un ambiente sempre più esteso. Il primo ambiente con cui siamo coscienti ed entriamo in rapporto è però il nostro stesso corpo. Ci togliamo il pigiama, scegliamo cosa indossare, imprechiamo perchè ci fa male la schiena, l'articolazione del ginocchio, abbiamo il collo che è ancora preda della rigidità notturna... ma, ti faccio una domanda: tu sei presente in tutto questo? Senti il contatto col tuo corpo? Senti il contatto emotivo con l'ambiente che ti circonda?
–Certo che sento ogni mattina il contatto col mio corpo! Anche se, più esattamente, è lui che si fa sentire, con le articolazioni dolenti, intorpidite e arrugginite...
–Quello, Franco, è un contatto obbligato. Dovresti invece sentire meglio la gioia di stare in un corpo...
–No, no, se son mi sento bene perfettamente, non ho alcuna gioia, anzi...
–Il corpo è il ponte fra noi e il mondo esterno. C'è una bellissima canzone di Gaber, dal titolo "*L'impotenza*":

Io ti sfioro e non so quanto sia emozionante,
tu mi guardi e mi chiedi se sono presente,

io penso alla nostra impotenza, ad un gesto d'amore.

Sì, quel senso vitale che un po' si conosce,
qualche cosa di dentro che affiora, che cresce,
la voglia di credere ancora ad un gesto d'amore.

No, non dico l'amore che sappiamo un po' tutti,
no, non dico l'amore che ci capita spesso.
Per amare io devo conoscere e amare me stesso.

Camminare in un posto, mangiare una cosa,
sentire che sei in una stanza.
Adoperare le mani, toccare un oggetto,
capire la sua consistenza.

Imparare a sentire il presente
in un tempo così provvisorio.
Esser giusti su un metro di terra,
sentire che il corpo è in perfetto equilibrio.

Peccato, io non so mangiare,
peccato io non so dormire,
non so camminare in un prato,
non so neanche amare, peccato!

Io ti sfioro e non so quanto sia emozionante.
Tu mi guardi e mi chiedi se sono presente
Io penso alla nostra impotenza, ad un gesto d'amore.

Io ti passo la mano sugli occhi un po' stanchi,

poi mi accosto al tuo viso, al tuo seno, ai tuoi fianchi,
e cresce la voglia di unirci in un gesto d'amore.
No, non dico l'amore che possiamo anche fare...
ma l'amore.

Per essere realmente presenti, amico mio, dobbiamo conoscerci. Io ho sperimentato – credimi, non è affatto presunzione la mia, ma bisogno di trasmissione, di comunicazione, di contaminazione se vogliamo – che quando mangio, è come se dialogassi con il cibo. Riconosco l'identità dell'alimento, il suo sapore, la consistenza, e in tutto questo si è coscienti di sè.

–Beh, un po' anch'io lo sono. Quando, tanti anni fa, mangiavo alla mensa dell'ufficio dove lavoravo, o se adesso mi capita di stare con amici in situazioni conviviali, io sono sempre l'ultimo a finire, suscitando in questo l'ilarità e le battute spiritose degli amici commensali. A me piace effettivamente gustare quello di cui mi sto nutrendo, anche se a volte capita di essere fortemente assalito dai morsi della fame. Per fare compiutamente questo, devo però essere sereno e tranquillo. Se invece sono teso e sto sulle spine, non riesco a stabilire tale rapporto, anzi perdo proprio l'appetito e a quel punto rinuncio pure a mangiare.

–Ci vuole un rapporto di presenza e partecipazione: allora viene fuori il senso della vita! Si è inquieti perchè non si riesce a trovare il senso della nostra vita, però, ti ripeto, il senso non è esterno alle cose che facciamo.

Che cos'è che ci rende felici e dà quindi una motivazione al nostro vivere? Se ci conosciamo adeguatamente e abbiamo il coraggio di esistere, tutto ciò che noi non portiamo fuori è esistenza mancata, e da lì scaturisce l'infelicità: la condanna all'insensatezza! Quando invece tu, Franco, ti esprimi, sia nelle canzoni che nello scrivere, nel cantare, nell'hobby della pesca, nel fare la spesa e in tutte le attività quotidiane, quando dici liberamente ciò che pensi, quando sei arrabbiato e lo manifesti senza mezzi termini, quando dichiari apertamente che non sei d'accordo su qualcosa, quando fai delle scelte che nascono da dentro la tua anima, dalla parte tua più profonda... allora sì che esisti, sei felice! Solo allora la tua vita ha senso! L'esistenza è una lotta quotidiana, ma, credimi, non c'è altra strada. Perdonami questo sfogo... spero di non averti appesantito oltre misura, perchè siamo già entrambi indispettiti e contrariati dal fatto che i pesci oggi sono poco propensi ad abboccare. Sono diventati più furbi e restii al richiamo dell'esca. Non ci sono più i pesci di una volta, sono cambiati anche loro, o forse sono certi discorsi che abbiamo intrapreso che, pesanti come sono, li hanno fatti sprofondare nelle profondità degli abissi!

–No, no, ci mancherebbe! È un piacere parlare con te di certi argomenti... pensavo solo che ci vuole però anche una razionalità, un certo controllo. Non è che tutte le esigenze, i desideri, e le pulsioni, si possono esternare, lasciandole agire a briglie sciolte.

–No, questo no, è evidente comunque la necessità di un controllo. Però, ripeto, non bisogna rinunciare ad esprimere ciò che è essenziale per la propria anima.

Scusami se te lo dico, ormai ti conosco da parecchio tempo, da quando cioè abbiamo preso entrambi a frequentare questi appostamenti sulla scogliera in questo bel tratto di mare. È palese ormai che lo facciamo non tanto per pescare qualche povero pesciolino trovatosi qui di passaggio, ma quanto a rilassarci un po' e meditare in santa pace sui tanti aspetti del vivere. Tu soffri perchè ti senti in ritardo verso la vita! Mi devi credere, io ti dico la verità, o almeno ciò che ho già sperimentato: quando si decide il cambiamento e lo si mette in atto, si riscatta tutto il vissuto precedente. Se io sono felice, non posso più avere rimpianti per tutto quel tempo in cui non lo sono stato affatto, altrimenti comprometto l'insieme di questo processo. La felicità è qualcosa che va al di là del tempo: è un istante senza tempo! Bisogna dare spazio alla propria anima: semplicemente esistere. Fai tutto ciò che devi fare: esisti! Non essere ancorato al passato, vivi il presente, cioè le opportunità che ti vengono date oggi. È chiaro che le condizioni sono mutate rispetto a prima.

–Ed è proprio di questo che mi devo convincere. Il *"fiume di Eraclito"* è passato, è cambiato, anche se le sue sembianze sembrano sempre le stesse, ma le sue acque non sono più quelle di prima...

–Certo, Franco! Però quanto bagaglio esistenziale c'è dietro, quante esperienze si sono fatte, quante riflessioni, maturazioni...! Non si può accettare di vivere una vita come fa un animale o come succede a una pianta, la quale nasce, cresce, fiorisce, fruttifica e poi termina il suo compito. Noi esseri umani non possiamo vivere allo stesso modo. Siamo stati "cacciati" dal paradiso e dobbiamo cercare una via per farvi ritorno; la possiamo trovare solo se ricongiungiamo i nostri poli opposti: coscienza e inconscio. All'inizio, quando il bambino nasce, è totalmente inconscio. La coscienza è ancora in fase embrionale, poi si sviluppa, e lì cominciano i guai perchè – causa la fase educativa che molto spesso risulta invece essere diseducativa – la coscienza comincia a prendere il sopravvento. Inizia allora a crearsi quella spaccatura che si allarga sempre più, provocando l'assenza di un fondamento dell'essere. Abbiamo cioè un "io" che galleggia nel vuoto, nel nulla, perchè è stato disancorato dalle sue fondamenta inconsce...

Ma adesso basta così.

Mentre facevo queste riflessioni mi sono accorto, a proposito di galleggiamento, che il mio galleggiante invece non galleggia più: è stato richiamato in profondità e più o meno meccanicamente, o forse incosciamente, ha segnalato un probabile abboccamento. Sì, è proprio così, sento adesso degli strappi... c'è qualcosa, finalmente! È un... sì, eccolo là... sembra... ma sì, è proprio un bel sarago: vieni qua bello!

–Hai preso però solo quello, Sergio... e io invece queste due minuscole occhiatine che nuotano in circolo nel mio secchio. Sicuramente gli girerà la testa, poverine!

–Franco... sai adesso cosa sto pensando?

–Non c'è bisogno di dirmelo, Sergio, ti ho già capito!

–Ma sì... buttiamoli di nuovo in acqua e lasciamoli vivere, ne hanno ben diritto quei poverini!

Si è fatto tardi, a casa ci aspettano, raccogliamo tutto e andiamocene. La pesca è stata davvero moscia ma io non la ritengo affatto inutile; ci è servita a rivitalizzare un po' le nostre anime. Arrivederci al prossimo sabato, amico mio. Stessa ora e stesso luogo, ma, parafrasando Eraclito, non ci si può bagnare – o meglio, pescare – due volte nello stesso fiume, anzi mare.

–Proprio così, caro Sergio, ci vediamo di nuovo qui, "stessa spiaggia, stesso mare", ma con acque diverse e, si spera, con pesci più accondiscendenti, remissivi e, oserei pure dire, più "coscienziosi".

–Direi proprio di sì, amico mio, perchè quelli di oggi sono stati proprio "incoscienti"!

UN MARE DI TEMPO

–Ehilà!... Siamo stati proprio puntualissimi oggi, Franco! Una sincronicità perfetta come mai prima d'ora era successo, dato che la puntualità non è mai stata il mio forte. Non sono certo teutonico, crucco o peggio ancora svizzero. Odio pure gli orologi svizzeri e ho sempre comprato solo quelli italiani, che, tra l'altro, sono anche molto più economici. Una volta, non so come, si ruppe la lancetta dei minuti a un mio orologio da polso e continuai per tanto tempo imperterrito a utilizzarlo avendo solo quella delle ore. Per me era più che sufficiente! Mi bastava sapere l'ora precisa, poi i minuti al suo interno me li gestivo io, come mi era più congeniale e confacente. Sbagliavo spesso, in verità, e quasi sempre ero in ritardo verso gli appuntamenti e i propri doveri, quindi l'errore era perlopiù a mio vantaggio... un po' come il commerciante che quando sbaglia, se si fa una casistica, si nota come succeda sempre a suo favore! Ho cercato, nei vari momenti della mia vita, di ottimizzare l'uso del tempo, per me una vera e propria arte speculativa. Del resto sono sempre stato totalmente d'accordo con l'arguzia di Luciano De Crescenzo, il quale spiegava che Socrate, in quanto filosofo, non ammetteva l'esistenza del tempo assoluto.

–Davvero simpatico questo Socrate: gli stavano antipatici pure gli orologi!

–Li riteneva superflui. Per lui il tempo era un'astrazione mentale, e come tale asseriva che non esiste.

–Sergio, adesso non esageriamo, come sarebbe non esiste?

–Guarda, segui il ragionamento di De Crescenzo: il passato, visto che è passato, non è più. Il futuro deve ancora venire. Il presente, dunque, come separazione tra due cose che non esistono, come fa ad esistere?

Adesso fammi per favore un esempio su qualcosa per cui tu possa dire che è accaduta in questo preciso momento.

–Non saprei caro Sergio, io resto un po' confuso con questi tuoi discorsi. Sono indubbiamente interessanti ma mi creano tanto scompiglio nella mente. Tu parli e io ti seguo, ma non ci capisco un granchè.

–Franco, stammi allora a sentire: se io, come vedi, lancio l'amo con l'esca in acqua, tu puoi dire che l'ho fatto adesso?

–E certo, come no? L'hai fatto proprio adesso!

–Eh no! Perchè nel momento in cui tu lo pensi, il fatto è già accaduto, è passato, è già passato!... Vedi, quante volte lo rifaccio?... È passato... è pass...

–Fermo lì!... Adesso è presente però!

–Perchè?

–E perchè mo' lo fai!

–Vuoi dire che lo farò!

–Lo farai, sì!

–Allora è futuro!

–Hai ragione, è futuro!

–Spiacente!... Invece, vedi... è ormai passato!

–Questi tuoi giochetti, caro amico, mi fregano sempre.

–Non sono trabocchetti, ma espedienti di filosofia spicciola che utilizzava De Crescenzo per rendere più comprensibili argomenti metafisici, altrimenti oscuri e intricati per chi è digiuno di filosofia. È stato un uomo che ha più volte affrontato, da buon napoletano, con umorismo e disincanto, il tema del tempo, con un approccio molto più alternativo e profondo rispetto a quello più comune. Lui sosteneva che il tempo è un'emozione ed è una grandezza bidimensionale, nel senso che lo puoi vivere in due dimensioni diverse: in lunghezza e in larghezza. Se lo si vive in lunghezza, in modo monotono, sempre uguale, giorno dopo giorno, anno dopo anno... dopo sessant'anni, una persona avrà esattamente sessant'anni. Se invece viene vissuto in larghezza, con alti e bassi, picchi positivi e pure dei picchi negativi, innamorandosi, magari commettendo pure qualche sciocchezza... dopo sessant'anni è davvero possibile avere solo trent'anni. Il guaio è che gli uomini si danno da fare e studiano su come allungare la vita, mentre si dovrebbe semplicemente allargare! Il tempo, quindi, è come una linea. Se vivi senza emozioni, quella linea è retta, pertanto la tua età corrisponde esattamente agli anni che hai trascorso su questa terra. Ma se lo vivi con emozione, quella linea non è retta, perché è un continuo salire e scendere, salire e scendere, come in un diagramma... In tal modo, potresti essere su questo mondo da sessant'anni, ma la tua età potrebbe essere rimasta ancora molto indietro, perché la linea del tuo tempo si è piegata su se stessa, rifiutandosi di seguire quella retta temporale.

D'altronde l'età, proprio come il tempo, è solo un'invenzione. Ciò che più conta è vivere al massimo delle nostre possibilità il tempo che abbiamo a disposizione. In definitiva il tempo ha senso di esistere solo se lo si riempie di emozioni; in caso contrario, non è altro che il movimento delle lancette di uno stupido orologio.

A proposito di lancette, è passata già mezz'ora e tutto abbiamo fatto fuorchè pescare! Ultimamente con te mi perdo troppo in chiacchere, trascurando l'hobby della pesca, con grande sollazzo dei pesci che così possono tranquillamente seguitare a nuotare nel loro incantevole e misterioso ambiente acquatico, e con gioia anche del pescivendolo a cui poi mi devo rivolgere per non tornare a casa a mani vuote, suscitando l'ilarità e il sarcasmo di mia moglie!

Dai sù, prepariamo ora le canne e buttiamo un po' di pastura di richiamo. Nel frattempo, giusto per chiudere il discorso, posso rammentare le conclusioni a cui arriva l'ingegnere De Crescenzo, appassionato di filosofia, convinto che esista un tempo esterno e un tempo interno. Il tempo esterno è quello degli orologi, dei calendari, ed è uguale per tutti. Il tempo interno, invece, è un fatto personale nostro, come il colore degli occhi e dei capelli, ed è diverso da persona a persona. Ecco perché ci sono persone che hanno 60, 70 o 80 anni e si ha l'impressione che ne abbiano 20. La verità è che non è un'impressione: ne hanno davvero 20!

–Sì, certo, in ultima analisi, a pensarci bene è proprio così. E dimmi, Sergio, nel mondo animale... tra i pesci, tanto per restare nel nostro ambito, che valore ha il tempo?

–È tutto relativo, amico mio. Un elefante, una tartaruga, possono vivere anche cent'anni. Un topo vive tre anni. Se consideriamo un pesce, per esempio un sarago, prestiamo attenzione alle sue scaglie, così possiamo capirne l'età. Speriamo di pescarne ora almeno uno, così la discussione diventa più facile!

Le scaglie non cambiano di numero durante la crescita, ma si allargano e questa grandezza può variare. Ogni anno in tutte le scaglie si forma un cerchietto, come per gli alberi, quando ne tagliamo il tronco. Se stacchiamo la scaglia e contiamo questi "cerchietti" sapremo quanti anni ha il sarago. Secondo il peso, può arrivare anche a dieci anni.

In Cina c'è una farfalla che vive invece solo un'ora. Ti puoi permettere di dire a questa qua: io ti vorrei ammirare e fotografare, aspetta cinque minuti che sto arrivando!... È tutto così relativo!

Per i nostri amici pelosetti, cani e gatti che siano, ci domandiamo spesso come funziona la loro percezione del tempo... se le lunghe ore in nostra assenza siano noiose e come facciano a sapere del nostro rientro se non hanno un orologio. Loro percepiscono il tempo, ma in modo diverso rispetto a noi umani: non contano i minuti, le ore, i giorni e le settimane, ma sentono il tempo che passa grazie ai loro sorprendenti sensi e grazie al particolare orologio interiore di cui sono dotati. Pertanto possiamo dire che la loro giornata – sebbene non abbiano neanche un *Rolex* d'occasione comprato a *Forcella* – è perfettamente scandita dall'alternanza del ritmo circadiano e dalla routine stabilita dal variare dei fenomeni esterni, come l'orario della pappa o delle passeggiate, che riconoscono dai nostri gesti quotidiani, che avvengono più o meno sempre alla medesima ora. Ci siamo mai chiesti poi come mai i cani o gli stessi gatti non ci salutano quando usciamo di casa, ma scoppiano di gioia e ci riempiono di feste al nostro rientro? Ebbene, questo curioso atteggiamento è determinato dal fatto che loro vivono il presente: quando noi usciamo di casa e ci chiudiamo la porta alle spalle, semplicemente usciamo dal loro presente. Smettiamo di far parte del loro presente e ne diventiamo assenti.

Il nostro ritorno a casa corrisponde invece al rientrare nella loro vita, nel loro *hic et nunc* – qui e ora –, stimolando la ben conosciuta reazione di gioia, festa e amore nei nostri confronti.

–Che tenerezza i nostri pelosetti, loro sì che ci amano e sono fedeli! Se lo stesso accadesse con i pesci...!

–Con questi non può mai succedere: ce li mangiamo e loro certamente lo percepiscono, lo sanno, non sono certo stupidi!

–Ma io, caro mio, quando vengo qui porto loro da mangiare, spendo così tanti soldi per il pasteggio, regalo loro pure i migliori bocconcini di verme coreano. Si può dire che li nutro e li accudisco ben bene. Certo gradirei che ogni tanto qualcuno di essi, il più grosso e proteico, si immolasse alla causa e conoscesse la mia cucina. Lo tratterei con il migliore degli oli *EVO* e anche con abbondante maionese, proprio come piace a me!

–Non credo che sarebbe così propenso e orgoglioso e ne farebbe sicuramente a meno, però!

–È da un po' di tempo che non ci riesce una buona pesca, Sergio... questi pesci si son fatti troppo furbi: io li affogherei tutti nel loro stesso elemento!

–Forse li annoiamo davvero con questi nostri discorsi e loro boccheggiano noiosamente, mantenendosi al largo. Dovremmo imparare a starcene zitti e meditare in silenzio.
–Con te non è facile starsene zitti... e poi, tutto sommato non sarebbe neanche piacevole. Se proprio non riusciamo a prendere alcun pesce, almeno gli argomenti che peschiamo sono così interessanti e intriganti!
–Comunque sia, è chiaro, ritornando alle valutazioni e considerazioni sul tempo, che per noi è male quando facciamo una sola cosa nella vita. Ne dobbiamo fare molte di cose, invece. Ripeto ancora il concetto che bisogna "allargare" la vita e non semplicemente "allungarla", e tutte quelle persone che la mattina si svegliano, vanno in ufficio a lavorare, stanno lì tutto il giorno, poi la sera ritornano a casa e si portano dietro tutti i problemi del lavoro e continuano a parlare di lavoro e quando escono con gli amici parlano ancora del loro lavoro... sono monotone e noiose, mentre invece sarebbe più opportuno, per tutti noi, allargare la vita e dedicare il proprio tempo, oltre che al lavoro, anche alle altre cose bellissime che pure esistono, cioè all'amicizia, all'amore, alla lettura, al teatro, alla musica... Poi che uno riesca pure a campare vent'anni in più, quando interiormente è già vecchio da un pezzo, non ha proprio nessun senso e nessun vantaggio!
Bisogna aspirare ad avere quanta più saggezza possibile, solo così ci si avvicina ad avvertire quel vivificante senso di felicità. Per essere felici bisogna saper vivere il presente. Quando il presente non c'è e dunque non si è felici, tutti cominciano a dire: «Oh com'ero felice un tempo, quando avevo vent'anni!...». Ma non è vero per niente, perchè non si era sempre felici a vent'anni! Tutti sono capaci di vivere proiettandosi nel futuro: «Farò, dirò, cercherò, cambierò, adempirò, capirò...». Il saggio invece è colui che realizza il presente, unicamente il presente.

Una persona saggia quando ha sete beve, sente l'acqua fresca che gli scende giù per la gola, e immediatamente pensa soddisfatto: «Oh, quant'è bello bere!». Il saggio è colui che quando ha fame mangia, e mentre mangia, gusta e riflette tra sè: «Oh, quant'è bello mangiare!». Del resto, caro Franco, cosa diceva Hegel?

–E che ne so, Sergio... cosa diceva?... ehm, cosa diceva?... Mi prendi alla sprovvista... lui diceva tante cose... e mo' chi se le ricorda!

–Hegel diceva: «Il tempo è come l'essere: mentre è, non è, e mentre non è, è!». Cioè mentre lo si pensa presente, è già passato, eppure, mentre è passato, è ancora presente.

–M'incanti, amico mio, con queste tue speculazioni filosofiche, e nonostante io abbia avuto una formazione piuttosto tecnica, vi sono attratto e ti seguo con piacere... però parla più lentamente, perché le mie capacità cognitive sono messe a dura prova, non essendo abituato a questi arzigogoli verbali metafisici.

–Forse ti trasmetto un'altra impressione, ma la verità è che a me piace semplicemente parlare di questioni di carattere filosofico-esistenziale, partendo dal dubbio socratico e in particolare dalla convinzione di «sapere di non sapere».

–Non è vero, tu sei troppo modesto, riesci a parlare e ad esporre bene certi temi, cosa che io non so fare...

–Caro Franco, io credo che per certi versi tutti noi siamo filosofi. Quando qualcuno fa una scelta di vita, qualunque essa sia, già per questo è da considerarsi filosofo. Se un tizio dice che apprezza smisuratamente la ricchezza e vorrebbe fare tanti soldi, ha fatto anch'egli una sua scelta di vita ed è quindi da considerarsi un filosofo. È chiaro, mi dirai, che è indubitabilmente più filosofo chi dà la giusta importanza a determinati valori, piuttosto che ad altri! Si sa però che ci sono cose che attraggono molto. Per Freud, ad esempio, è l'eros che ci coinvolge interamente con le sue pulsioni attrattive, fin da bambini. Per Adler è la volontà di potenza ed energia che sostiene la nostra lotta per la sopravvivenza: in poche parole è il bisogno di potere che attrae continuamente l'uomo. Hegel ci dice invece che ogni individuo ha bisogno della consapevolezza di esistere; ha necessità continuamente di una prova esistenziale, come se cioè dubitasse della sua esistenza. Nel momento in cui, però, ottiene qualcosa, si ritempra e rincuora. È evidente, allora, che ogni essere vive per raggiungere un suo personale e particolare obiettivo.

–È giusto ciò che dici, Sergio. Io ho sempre tenuto in grande considerazione certi valori, li ho curati e accuditi con premura, portandoli in alto, elevandoli, e, nonostante questo, subisco pure i rimproveri del mio medico che li considera pericolosamente *border-line*!

–Lo so, tu lo fai apposta con le tue battute a cercare di alleggerire certi argomenti. Ti riferisci ai valori ematici, glicemia, azotemia, colesterolo, trigliceridi... che troppo spesso ci angustiano e opprimono, accompagnati dai loro benedetti asterischi!

–Scusami se ci scherzo un po' su. Io penso che la mancanza sia dei valori materiali che di quelli spirituali, renda la nostra esistenza imperfetta e priva di significato.

Come tutte le risorse, la ricchezza è limitata e circoscritta. Contrariamente ai desideri della gente, entrambe queste virtù non possono essere disponibili per ciascuno di noi. I valori spirituali sono universali e possono diventare proprietà di ognuno, indipendentemente dalla sua situazione finanziaria e da altri fattori che possono essere di ostacolo al loro raggiungimento. Le persone non si sentiranno affatto a loro agio se nella loro vita dovesse mancare anche solo uno di questi valori. Di sicuro può succedere che molti uomini d'affari che hanno guadagnato un'enorme fortuna, spesso si sentiranno infelici perché non riescono a trovare l'armonia con la propria anima. Nello stesso tempo, una persona con un mondo interiore ricco, non si sentirà certo bene nel perdere ad esempio la propria casa o il proprio sostentamento.

–Esatto, Franco. Se qualcuno ti chiede: "Formula le principali differenze tra valori spirituali e valori materiali e spiega quali di essi sono più importanti per una persona", digli pure che non è possibile rispondere in modo inequivocabile. Ognuno stabilisce le proprie priorità. L'errore di alcune persone è il desiderio di impossessarsi di quanta più ricchezza possibile, a tutti i costi. Al tempo stesso, nella ricerca del denaro, trascurano l'amicizia, l'onestà, i rapporti d'affetto con i loro cari. L'approccio è però sbagliato anche in quelle persone che vivono in condizioni di povertà e non fanno alcuno sforzo per migliorare la propria situazione finanziaria. Credono che la cosa più importante per loro sia avere un ricco mondo interiore e che tutto il resto sia del tutto irrilevante. Idealmente, si dovrebbe cercare di trovare il giusto equilibrio tra valori spirituali e materiali.

–È del tutto evidente però che al giorno d'oggi, nella nostra società neoliberista, i beni materiali trovano molta più considerazione e ben altro *appeal*, mentre le persone dimenticano completamente il lato spirituale della loro esistenza. Siamo diventati preda di bisogni materiali indotti, che, come le sirene di Ulisse, insidiano e tentano di ingannare la nostra anima. Case, automobili potenti, gioielli d'oro, mobili, elettrodomestici di ultimissima generazione, cellulari, borse ultimo grido, eccetera, strizzano l'occhio ai nostri desideri più prosaici, con buona pace di amore, amicizia, simpatia, rispetto, autorealizzazione, creatività, libertà, fede in se stessi e nel trascendente. Tutte aspirazioni che ci aiutano a ritrovare l'armonia con noi stessi e con chi ci circonda. Valori che hanno una particolare importanza perchè danno senso alla vita e ci rendono umani.

Adesso però, amico caro, dopo tutte queste dissertazioni che può sembrare mi abbiano distratto dallo scopo, forse poco nobile, per cui stiamo qua... direi – avendone già capito l'antifona – che potremmo benissimo fare rientro a casa, perchè di pesca miracolosa non c'è traccia alcuna neanche stavolta. Ne puoi trovare testimonianza, se vuoi, solo nel *Nuovo Testamento (Luca, versetti 5,1-11)*, ma questo non è il lago di Genesaret e noi tutto siamo fuorchè apostoli di Cristo. Mentre parlavo ho sempre tenuto lo sguardo fisso sul mio e anche sul tuo galleggiante: niente da fare, calma piatta su tutta la linea!

–A questo punto ti suggerisco di farci benedire le nostre canne da pesca, esorcizzando questa sfortuna che ci perseguita già da troppo tempo, o, in subordine, cambiare tipo di esca, perchè la tracciabilità di questo verme coreano che usiamo per pescare non è poi così certa. Coreano sì, ma del Nord o del Sud?

–Franco, io ho l'impressione che questo non sia neanche coreano, ma addirittura cinese!

–Forse hai ragione tu, Sergio. Se hai notato bene, quel negoziante ce l'ha pure venduto avvolto nelle pagine gialle!

–A meno che non si cambi posto di pesca! Questo mi sembra forse troppo sfruttato, un po' come succede alle galline di mia madre che, dopo aver elargito tante uova, le loro ovaie diventano sterili e allora lei le cambia e le sostituisce con altre, torcendogli il collo, poverette!

Converrebbe facessimo qui una specie di "fermo biologico" e ci trasferissimo in qualche altro pollaio... in qualche zona di mare più generosa e produttiva. Che ne dici?

–Sì, ma non subito. Anzi ti avviso già sin d'ora che sabato prossimo non ci sarò, mi prendo una pausa. È la festa degli apostoli Pietro e Paolo, la prima dell'estate, e tradizione vuole che debba andare a santificarla con mia moglie, come tutti gli anni.

–Bene, me n'ero dimenticato. Hai visto come passa il tempo? Sembra ieri che mangiavamo ancora il panettone, mentre a giorni sgranocchieremo le noccioline della festa.

–Ma quali noccioline, Sergio! Al diavolo i valori! Io mi rimpinzerò di mostacciuoli al cacao. Non vedo l'ora... San Paolo mi proteggerà!

–Buona intercessione, allora... ci vedremo, salvo imprevisti, in quel di Galatina.

–Ma no, non a Galatina, Sergio... ad Acaya, invece. La mia tradizione è ad Acaya!

–Meno male che hai avuto modo di specificarlo. Se tutto va bene ci vedremo allora lì. Ciao!

ACAYA

Acaya è molto legata alla figura di San Paolo e quindi alla festa che da secoli lo lega a questa terra. Esiste un legame culturale, popolare e storico tra questa cittadella fortificata e il culto verso il santo. Il fenomeno del tarantismo è un elemento che caratterizza questo piccolo centro, come altri nel Salento. Certo, fino a non molto tempo fa, la festa attraeva numerosi pellegrini e devoti, cosa che è andata man mano stemperandosi, perdendo la sua passione d'origine. Oggi sono le sagre a farla da padrone, occasioni al contrario frequentatissime, in cui ci si può riempire la pancia con carne alla griglia e altre cibarie che spesso non c'entrano nulla con le tradizioni locali. Il tutto condito da pizziche tarantate, fatte di testi e melodie stereotipate – sempre le solite – ripetute all'infinito in maniera ossessiva. In questo piccolo e glorioso borgo c'è però anche una particolare e unica ricorrenza che si svolge ogni anno il primo venerdì del mese di marzo, ed è la Festa della Madonna Addolorata o Madonna dei *pampasciuni*. Non a caso la località è rinomata per la produzione di questo bulbo simile ad una piccola cipolla selvatica, dal particolare gusto amarognolo. La raccolta e il consumo dei *pampasciuni* è molto diffuso oggi e lo era ancor di più in passato, tanto che la popolazione ritenne opportuno fissare un giorno di festa per celebrare questo alimento, in funzione però di un salvifico intervento della Madonna.

La festa nasce in occasione dei festeggiamenti civili e religiosi del 1714, quando il primo venerdì di marzo di quell'anno, alcuni pirati turchi sbarcarono sul litorale vicino e raggiunsero il borgo. Arrivati in paese si diressero verso la piccola piazza dove si trovava anche la Chiesa matrice, e vi entrarono armati, in maniera dispotica e arrogante, mentre si celebrava la funzione religiosa dedicata alla Madonna Addolorata.

Gli aggressori però, commossi dalla profonda devozione e partecipazione dei fedeli, e forse anche dalla solennità, autenticità e naturalezza del rito liturgico, decisero di ritornare sulle loro navi e se ne andarono senza colpo ferire, non facendo nè prigionieri nè commettendo atti di violenza.

Quell'episodio, da allora, fu considerato come un miracolo, e dall'anno successivo si decise che si sarebbe tenuta per sempre, a scopo rievocativo, una festa pubblica di ringraziamento in onore della Madonna, che aveva salvato la popolazione con la sua amorevole intercessione.

Il tempo passa inesorabile. "I costumi e le mode degli uomini cambiano come le foglie sul ramo, alcune delle quali vanno ed altre vengono", così scriveva il sommo Poeta...

In questi ultimi anni si sente spesso affermare che viviamo in una "società liquida". Si tratta di un'efficace metafora utilizzata dal filosofo e sociologo Zygmunt Bauman per osservare che, da tempo ormai, sia nelle scelte e nelle esperienze individuali che nelle relazioni sociali, si fa riferimento a valori "che si vanno decomponendo e ricomponendo rapidamente, in modo vacillante e incerto, fluido e volatile". In parole più semplici, mancano valori certi ai quali fare riferimento, perché vi è un cambiamento continuo, per cui molti valori vengono sostituiti o addirittura smentiti da quelli immediatamente successivi. Ma davanti alla perdita di riferimenti certi, gli esperti invece di incoraggiare a trovare valori assoluti e oggettivi, dai quali essere orientati e guidati, si affannano a cercare e proporre strategie che consentano di gestire questo continuo cambiamento, e di superare il disorientamento e le difficoltà esistenziali in cui tanti oggi si trovano a vivere. E il disorientamento è diventato così profondo che qualcuno ha scritto che "la strategia giusta per affrontare l'esistenza, è oggi quella di attrezzarsi per cambiare spesso strategia". Si pensa cioè che l'incertezza per il presente e per il futuro, con tutto ciò che ne consegue (ansie, paure, chiusure in sé stessi), sia superabile solo imparando a fare i conti con il continuo movimento imposto dall'assenza di valori di riferimento, e imparando quindi a modificare, come per un liquido, la forma dei loro contenitori. L'ambito che più ha risentito di tali radicali cambiamenti è quello affettivo, relativo ai legami. Sono spesso evidenti le fragilità di oggi, studiando in modo particolare i legami ispirati al modello consumistico ed edonistico. Si notano uomini e donne disperati, abbandonati a se stessi, i quali si sentono dei vuoti a perdere, che anelano alla sicurezza dell'aggregazione e ad una mano su cui poter contare nel momento del bisogno. Sono ansiosi quindi di instaurare relazioni e, contemporaneamente, timorosi di restare impigliati in relazioni stabili, per non dire definitive. Temono infatti che simili relazioni possano comportare doveri e tensioni che non vogliono né pensano di poter sopportare, e che dunque possano fortemente limitare la loro tanto desiderata libertà.

A tutto questo abbiamo sostituito il concetto di "connessioni", e anziché parlare di "partner" preferiamo parlare di "reti".

Il termine "rete" indica un contesto in cui è possibile, con pari facilità, entrare ed uscire. In una rete, connettersi e sconnettersi sono entrambe scelte legittime, e hanno pari rilevanza.

In un simile scenario post-moderno è difficoltoso avere relazioni vere con gli altri, perché riesce difficile anche saper stare da soli con se stessi.

Ma anche in campo spirituale si è da tempo davanti alla realtà della "religione liquida". L'attuale capitalismo liberale non sa più che farsene della religione della trascendenza: un po' la schernisce volgarmente in tutti i modi, considerandola come antiquata, e un po' la combatte senza pietà considerandola terrorismo e fanatismo.

Ci rendiamo conto perciò di vivere tempi complessi in cui i ruoli sono spesso confusi, e chi dovrebbe detenere e curare il primato del bene assoluto, cede la funzione a chi non riconosce il vero bene, inteso come senso di benessere che coinvolge tutti. Il cristianesimo sembrerebbe in crisi, ma se nei nostri cuori rimane ancora uno spazio sacro, allora la religione, i valori familiari e l'amore, hanno altresì speranza di rivivere e perpetuarsi in questa nostra società.

–Sergio!... Non pensavo più di vederti, stasera! Alla fine hai davvero deciso di farti un bagno di folla qui ad Acaya.

–Un bagnetto, direi. Credevo ci fosse più assembramento... ma meglio così.

–Entro un attimo nella chiesetta dedicata a San Paolo, seguimi se vuoi.

–Sai che sono, per così dire, "diversamente religioso", ma la visito con piacere, perchè San Paolo, l'apostolo delle genti, è stato il più grande missionario della storia.

–Sì, è vero. San Paolo, fariseo convertito a Cristo, è stato in pratica aggregato nella comunità degli apostoli dal Cristo stesso. Era originariamente un ebreo e professava la religione del suo popolo; inoltre era un acerrimo persecutore dei cristiani, ma sulla via di Damasco, raccontano gli *Atti degli Apostoli*, Dio lo fece cadere accidentalmente dalla sella del proprio cavallo, rendendolo momentaneamente cieco e chiedendogli perché lo perseguitasse in una maniera così cruenta. Dopo quell'avvenimento, lui si consacrò senza riserve all'annuncio dell'incarnazione, morte e resurrezione di Gesù. E' stato indubbiamente lui, il primo teologo cristiano.

–Che via è questa, Franco?

–No, non ti preoccupare, siamo su via Strudà... Damasco è lontana anni-luce... e poi vai tranquillo, tu cammini a piedi, non hai il cavallo come lo aveva invece Paolo di Tarso.

–Veramente non mi chiamo neanche Paolo, ma Sergio! Il mio nome è di orgine latino-etrusca e so che è appartenuto a quattro papi dell'Alto Medioevo e a sette duchi di Napoli, ma io non sarò mai nè papa nè nobile!

–Mai dire mai... Non bisogna porre limiti alla Divina Provvidenza, Sergio!

La cappella di San Paolo, ad Acaya, venne costruita nel XIII secolo e divenne col tempo anche meta di pellegrinaggio per le donne "tarantolate", vittime, nei lavori in campagna, della "pizzicata", cioè della puntura della tarantola. Queste poverette venivano portate alla cappella, in preda a convulsioni, sudorazioni, palpitazioni e malessere generale. Loro, come da credenza popolare, erano poi esorcizzate con la musica caratteristica del violino, chitarra, fisarmonica, flauto, eccetera, e il ritmo sfrenato scandito dal tamburello, oltre che naturalmente da una danza irrefrenabile, selvaggia e travolgente che induceva uno stato di *trance*.

Studiosi hanno ritenuto che il tarantismo fosse una forma di manifestazione patologica, una sindrome culturale di tipo isterico, che poteva avere radici nel disagio individuale, inserito in un particolare contesto culturale. Le persone coinvolte, erano di frequente giovani donne nubili, in età da matrimonio, e il tutto succedeva in periodo estivo. Si imbastiva quindi questo complesso rito terapeutico nel quale, avvalendosi di uno specifico apparato ritmico, musicale, oltre che di oggetti e ambientazioni rituali, si riusciva a ristabilire la guarigione ed il reintegro della persona sofferente. Ciclicamente ogni anno – generalmente quindi all'inizio dell'estate – e per molti anni di seguito, sino a guarigione completa, il soggetto veniva colto da una specifica forma di grave malessere interiore ed esteriore, che poteva essere curato mediante un simile rito.

Alla fine dell'esorcismo si riceveva la grazia da San Paolo, e le malcapitate venivano abbeverate con l'acqua sacra che scaturiva dal pozzo annesso alla cappella.

È tradizione per me, caro Sergio, entrare ogni anno a far visita e pregare davanti al simulacro di questo grande santo. Ci venivo con mia madre da piccolo e poi l'ho qui accompagnata negli ultimi anni della sua vita, sapendo di farle tanto piacere, essendo fortemente religiosa. Abitava in una masseria, come si usava un tempo, non molto distante da questo luogo, prendendo quella viuzza, ora asfaltata... la vedi?... che parte quasi dalle mura del castello. Il nome della masseria era «*Lu Reddhru*» ed era stata affidata in colonìa a mio nonno, con una famiglia molto numerosa, composta in tutto da dieci persone, come succedeva spesso a quei tempi...

–So bene, amico mio, che una volta la gente, per poter sopravvivere, viveva lontana dal paese, coltivava la terra traendone benefici e vantaggi, ma rimanendo poi isolata dalla realtà e tagliata fuori dai rapporti sociali che invece si potevano allacciare nei centri abitati. Lì ci si recava solo saltuariamente, quando c'era qualche particolare necessità e, una volta tanto, si andava pure in città per degli acquisti stagionali o comunque di una certa rilevanza. Si viveva una vita bucolica, con i ritmi propri della natura, in spazi incontaminati, immersi nel verde.

Ci siamo ormai resi conto da tempo che la vita di città a lungo andare stressa e logora non poco; sarà magari perché il corpo umano ha un disperato bisogno di distensione e pace ma, sia come sia, ultimamente c'è una gran voglia di tornare indietro nel tempo e di vivere in modo più sano, magari a stretto contatto con la natura e lontani dallo stress.

–I miei nonni, pur con indubbie difficoltà – la fame, la guerra, eccetera – vivevano immersi in un'oasi di pace e tranquillità tutta per loro, lontani da ogni complessità ed a stretto contatto con la natura. Ma le domande a cui ora rispondere sono principalmente queste: quanto saremmo in grado di resistere noi, oggi, isolati dal mondo? Riusciremmo a vivere senza le comodità alle quali la vita moderna ci ha abituati e diciamo pure viziati? Saremmo capaci di rinunciare ad una vita fatta di relazioni sociali, di spritz, di aperitivi al bar con gli amici, di domeniche allo stadio, di *reality show*, senza *i-phone*, *wi.fi.*, connessioni compulsive con questi benedetti *social*, con *like, selfie...* e cose del genere?

–Hai ragione, anche se è fuor di dubbio che la vita nei campi oggi è molto diversa da quella di un tempo. Anticamente tutto si faceva manualmente, e molte attività richiedevano la partecipazione di tanta gente, familiari e non; ci si riuniva tutti, ad esempio, quando c'era la raccolta dei pomodori o delle olive, quando c'era da uccidere i maiali e macellare la loro carne, quando c'era da fare la semina su terreni sconfinati. Oggi non è più così che funziona, perché a raccogliere le olive o i pomodori ci sono gli extracomunitari, sfruttati e sottopagati, a fare la semina ci sono macchinari automatizzati che fanno benissimo il loro lavoro senza neppure aver bisogno di un essere umano che li conduca. Oggi la figura del contadino e quella del pastore assomigliano più a quelle di veri e propri imprenditori... manca solo che vadano in giro per i campi in giacca e cravatta e saremmo davvero a posto.

–È come dici tu, Sergio, proprio così. Oggi il contadino ha in un certo senso perso quella genuinità e naturalezza che lo ha sempre contraddistinto rispetto all'uomo di città, ansioso e perennemente stressato. Attualmente anche le persone che vivono nei campi sono abbastanza stressate, sempre alla ricerca di nuovi macchinari e sistemi per incrementare le proprie produzioni e guadagnare di più, mettendo una bella pietra sopra a quello che era il modo di intendere la vita rurale in epoche passate. Per questo fanno anche largo uso di pesticidi, fungicidi, insetticidi vari, deturpando e uccidendo la natura. Stanno via via scomparendo api, coleotteri, farfalle e altri insetti impollinatori che garantiscono la possibilità e la buona resa dei raccolti su cui basiamo la nostra sopravvivenza. La salute di tutti questi impollinatori è oggi messa a dura prova: un quarto delle api europee rischia l'estinzione per cause non ancora del tutto chiare, ma che probabilmente includono l'uso di pesticidi, la scarsa disponibilità di cibo per gli insetti, la diffusione di parassiti autoctoni o alieni, eccetera.

Dappertutto sono presenti allevamenti e coltivazioni intensive che hanno reso sterili i terreni, concimati sempre e solo con prodotti chimici.

"*Dai diamanti non nasce niente, dal letame nascono i fior*", mi viene da citare – magari un po' a sproposito – questa bella e significativa frase di una canzone di De Andrè.

Nelle coltivazioni arboree non si praticano più le arature stagionali e le piante vengono concimate con concimi fluidi dall'alto, irrorandone la chioma, mentre le radici attendono, attendono invano... ormai si è capovolto ogni concetto!

–Poi arrivano eventi estremi, calamità... come la xylella, e.....

–No, per carità, ti prego Sergio. Altro che piaga d'Egitto! Chiudiamo qui il discorso, altrimenti mi rovinerei di brutto la serata. Per parlare di questo, dovrei prendermi prima un gastroprotettore, e non ce l'ho appresso!

–Dovevi premunirti però, sei stato poco previdente. L'altro giorno avevi detto che ti saresti fatta una scorpacciata di mostacciuoli. Li ho visti sulle bancarelle... devono essere molto buoni!

–Se è per questo mi basterà prendere al bar un'acqua tonica... anzi andiamo che comincio già ad aver sete.

–Bello però questo castello! Osservandolo ci si immerge in un'atmosfera antica, storica.

–È indubbiamente un esempio splendido dell'architettura militare cinquecentesca, insieme all'intero complesso difensivo del piccolo centro fortificato. È un posto davvero storico Acaya, un minuscolo borgo che emerge dalla campagna: in pratica una cittadella fortificata del XVI secolo, in eccellente stato di conservazione, che in passato si chiamava Segine, e nel 1294 fu donata in feudo da Carlo II d'Angiò al suo fedele capitano Gervasio dell'Acaya, i cui discendenti ne furono signori per tre secoli circa. Gian Giacomo dell'Acaya, architetto militare, continuando il lavoro iniziato dal padre Alfonso, provvide a rafforzare la fortezza ed il paesetto, con bastioni, baluardi vari e fossato tutt'attorno. Lavori che terminarono nel 1536, secondo quanto scritto su un'epigrafe inserita nei muri di uno dei bastioni. In memoria di Gian Giacomo il paese mutò successivamente il nome in Acaya. Nel mese di settembre del 1714 Acaya veniva purtroppo attaccata ed espugnata dai pirati turchi, e gran parte delle donne e bambini si rifugiarono in quei frangenti nel castello, per volere di Anna Capuano, moglie del feudatario, il Marchese Aniello Vernazza. Dopo tanti avvenimenti il feudo e il castello furono venduti più recentemente alla famiglia Onofrio Scarciglia di Lecce e da questi ai Rugge. Infine lo storico fortilizio è stato acquistato dall'Amministrazione Provinciale di Lecce.

Un ponte in pietra, posto all'interno della cittadina, scavalca il fossato e sostituisce, all'ingresso della fortezza, molto probabilmente l'originario ponte levatoio. Il castello, presenta pianta trapezoidale con due torrioni circolari e un bastione a punta di lancia; l'ultimo angolo è quello che si collega con la cinta muraria. Vi si accede da nord attraverso un androne che immetteva nelle scuderie, al di sotto delle quali vi era, un tempo, un frantoio ipogeo. Durante i lavori di restauro è stato rinvenuto un affresco tardo-bizantino, forse pertinente ad un complesso monastico che ospitava comunità religiose di rito greco. La parte prettamente residenziale si trova ai piani superiori. Degna di nota è la sala ennagonale, decorata da un ricco fregio classicheggiante, in pietra leccese. Lo schema viario di tutto il piccolo borgo fortificato è a maglia ortogonale, e le stradine al suo interno, uguali tra loro, s'intersecano naturalmente tutte ad angolo retto. È un borgo ben tenuto ma molto vuoto, come purtroppo sono tanti piccoli paesini del Salento.

–Sbaglio, Franco, o l'architetto Gian Giacomo costruì anche il castello di Lecce?

–Sì, proprio così. Fu davvero molto apprezzato da Carlo V, a seguito di quanto aveva realizzato nel suo feudo, per le esperienze e le capacità che aveva acquisito nello studio delle fortificazioni, e per aver dimostrato fedeltà all'imperatore, contrastando l'avanzata francese in Terra d'Otranto nel 1528. Fu perciò incaricato di ispezionare i castelli e le mura delle città del Regno al fine di renderli inespugnabili, accompagnando in questo importante incarico Francesco Maria della Rovere, Duca di Urbino. La sua fama di esperto architetto militare raggiunse i confini più estremi del regno di Napoli, permettendogli così di ottenere l'alta onorificenza di "Ingegnere Generale del Regno". Progettò e fece costruire le mura e il castello di Lecce, di Capua e di Cosenza, Castel Sant'Elmo a Napoli e la fortezza di Crotone. Nel 1539 Gian Giacomo fu incaricato di rifortificare Lecce e di erigervi un possente castello. I lavori a Lecce durarono ventiquattro anni. La cinta muraria e il castello costruiti da Gian Giacomo sono quelli che ancora oggi possiamo ammirare in città. Gian Giacomo si ritirò in Puglia e trascorse la sua vecchiaia ad Acaya, suo feudo, fino a quando nel 1570 fu arrestato per aver dato garanzie a tutto vantaggio di un debitore insolvente. Perse così tutti i suoi beni e venne rinchiuso nelle prigioni del castello di Lecce che egli stesso – ironia della sorte – aveva fatto edificare, dove morì poi nello stesso anno. Oltre che per il castello, Gian Giacomo è conosciuto a Lecce per altri monumenti: l'Ospedale dello Spirito Santo, L'Arco di Trionfo di Porta Napoli e il Palazzo della Regia Udienza (distrutto nel 1903 per far posto al Banco di Napoli).

Quand'ero ragazzino, un mio zio mi raccontava spesso di una leggenda secondo la quale esisteva un lunghissimo passaggio segreto, una misteriosa galleria, che metteva in comunicazione i due castelli, quello di Acaya e di Lecce. Con un gruppetto di amici aveva tentato un giorno di incamminarsi ed esplorare i ruderi da cui traeva origine il passaggio segreto, ma non essendo esperti e sprovvisti per giunta di un adeguato equipaggiamento, dopo un po' di percorso, avevano desistito.

–Beh, potrebbe pure essere vera l'esistenza di questo camminamento segreto. Chi lo sa! Fortezze, castelli e manieri, sono maestosi sopra e misteriosi sotto. In molti edifici ci sono sotterranei da scoprire, per conoscere più a fondo la storia e le leggende dei castelli e dei nobili che li abitavano. Corridoi, scale, cunicoli e stanze sono nascosti spesso all'interno dei castelli. Molti avranno certamente sentito parlare dei numerosi passaggi segreti al di sotto della città, che collegano da un punto all'altro i vari castelli e finanche conventi di monaci e monache, attraverso i quali ci si poteva spostare per motivi evidentemente poco pii e compassionevoli, oppure per poter fuggire inosservati in caso di assedio. Tra di essi si dipanano le storie, le leggende e le diverse "anime" che questi grandi fortilizi racchiudono da secoli. Una passeggiata nella storia, dunque, che tra le altre cose svela le funzioni che il castello Carlo V, come pure questo di Acaya, ebbero nel tempo: da fortezza militare a rifugio per la comunità, passando per il periodo in cui diventarono prigioni, come raccontano i segni e le affascinanti, sebbene tristi, incisioni sui muri.

A proposito, Franco, ma non dovevi accompagnare tua moglie, qui alla festa?

–Sì, è andata qua vicino a trovare un'amica, vecchia compagna di scuola; siamo rimasti d'accordo che mi avrebbe dato un colpo di telefono.

–Va bene, io ora ti lascio, si è fatto abbastanza tardi. Grazie a te ho rivissuto il clima e il pathos della festa patronale, con le sue radici profonde e l'alto valore simbolico che si collega agli antichi riti e cerimonie pagane. Ho fatto un salto nel passato perchè era da tanto che non assaporavo più una simile atmosfera. Ciao, alla prossima e... mamma li turchi!

MOVIDA

–Sergio!

–Ciao, amico mio, che ci fai qua con questo caldo? Ti credevo in riva al mare a rinfrescarti e rilassare mente e corpo, mentre invece ti trovo per strada, nel cuore della movida, tempio del divertimento caotico e della vita notturna.

–Il fatto è che spesso si formano in me sentimenti contrastanti, e si manifesta un'attrazione o una repulsione per uno stesso luogo o una stessa situazione. A volte mi piace stare un po' in solitudine, pensare e meditare, in altri momenti sento invece il bisogno di tuffarmi in luoghi più frequentati e anche più rumorosi, gustandomi un bel boccale di birra e osservando con antropologica curiosità il comportamento dei ragazzi, così ho l'impressione di sentirmi giovane anch'io. Se poi c'è anche della buona musica *live*, meglio ancora.

–Sei come Catullo allora. *Odi et amo* diceva il poeta latino in un carme, anche se lui si riferiva alla sua Lesbia. Capita che ci sia in noi ambivalenza emotiva su certe cose, situazioni o persone. Di fatto la maggior parte dei sentimenti sono misti, composti da più di un'emozione. Tutto questo è espressione della complessità umana.

–È proprio vero, succede a volte che scaturiscano sentimenti potenti e opposti, che però convivono allo stesso tempo nell'individuo.

Ma adesso non ci pensiamo più, facciamo quattro passi, se ti va, in via Federico D'Aragona e diamo uno sguardo tutt'attorno. Scegliamo poi un bel pub e degustiamo una bella birra scura doppio malto alla spina. Questa cosiddetta "Via dei pub", è una bellissima strada del centro storico dove le chiese e i palazzi antichi si alternano ai locali, alcuni tra i più longevi a Lecce.

Aspetta un po'... visto che ci siamo, guarda lassù!

–Cosa c'è, non vedo niente.

–Guarda bene, vedi quel piccolo volto di donna scolpito sull'angolo di questo palazzo?

–È minuscolo, mi era proprio sfuggito!

–Fu commissionato da un ragazzo che aveva perso la sua amata. Nel bel mezzo della movida, chi alza lo sguardo può riconoscere facilmente il volto di una donna scolpito all'angolo di questo caseggiato dell'Ottocento. Quel viso impresso nella pietra è la prova di una storia d'amore finita in tragedia. Un pegno romantico lasciato a futura memoria. La leggenda racconta che nel palazzo dove si può scorgere il viso, vivesse un ragazzo e nelle vicinanze, proprio nell'abitazione di fronte, una bellissima ragazza. I due erano follemente innamorati. Il loro era un amore platonico e quasi etereo. Amore che li vedeva unirsi solo attraverso sguardi nascosti e parole d'amore pronunciate dalle finestre dei loro rispettivi palazzi. Entrambi trascorrevano le giornate con trepidazione, in attesa di vedere il viso dell'altro comparire alla finestra, di nascosto da tutti. Un amore quindi del tutto puro e spirituale, che i genitori di lei, a causa di una mentalità retrograda, cercarono di contrastare con ogni mezzo, arrivando persino a murare la finestra da cui i due potevano vedersi. La ragazza, turbata e addolorata, iniziò a supplicare la famiglia per convincerla a togliere quell'ostacolo, ma quando capì che le sue preghiere sarebbero rimaste inascoltate, decise di togliersi la vita. Il giovane, disperato, fece scolpire il volto della sua amata sul palazzo. In questo modo, il legame dei due innamorati divenne immortale, tanto da far sognare ancora oggi, a distanza di secoli, chiunque passi sotto quel balcone e rivolga lo sguardo al cielo. Un amore davvero tragico e sofferto che, tuttavia, si spera sia solo leggenda.

Ce ne sarebbe pure un'altra di leggenda, meno romantica ma sempre tenera, la quale narra che in quella casa sarebbe vissuta la nonna di Sigismondo Castromediano, patriota, archeologo e letterato italiano. Quando la nobildonna morì, l'inconsolabile marito, innamoratissimo di lei, ne fece scolpire la sua testa.

Fantasia o realtà, il volto della ragazza incastonato nella pietra leccese, con la sua espressione, ha reso eterno il pathos dell'amore della sua vita, arricchendo ulteriormente Lecce di suggestione e meraviglia.

–È davvero una storia emozionante e a me piace credere che ci sia qualcosa di vero, altrimenti come spiegare una scultura simile, realizzata ad una certa altezza e collocata proprio lì ad angolo, in maniera così strana e irrituale!... Se non me l'avessi detto tu, non ci avrei mai pensato; sono passato da questa strada milioni di volte e non mi sono mai accorto di tanta poesia.

–È logico che non te ne sei mai accorto, tu guardi sempre ad altezza d'uomo... anzi, mi correggo: ad altezza di donna. Sei troppo sensibile a quell'universo!

–E certo! Lo sai benissimo che sono un esteta e poi mi piacciono le cose belle di natura... che male c'è?

Diceva Dostoevskij: «L'umanità può vivere senza la scienza, può vivere senza pane, ma soltanto senza la bellezza non potrebbe più vivere, perché non ci sarebbe più niente da fare al mondo! La scienza stessa non resisterebbe un minuto senza la bellezza».

–Beh, devo dire che queste considerazioni sono proprio condivisibili, anche se secondo me la bellezza da sola non basta. Ci vuole qualcosa in più... un po' di grazia, per esempio: La bellezza senza la grazia è come un amo senza esca.

–Proprio un esempio del genere dovevi fare? Lascia stare la pesca, almeno per un po'. Spero che arrivino tempi migliori, altrimenti noi due dovremo cambiare *hobby*!

–Caro Sergio, tralasciamo pure questo discorso e aguzza però lo sguardo. Prima che sia buio del tutto, ti voglio far vedere, più avanti, qualcosa che rende maggiormente attraente e intrigante la basilica di San Matteo. Anche qui esiste una leggenda che rende questa chiesa ancor più affascinante.

Persino un occhio meno attento, noterà la differenza tra le due colonne presenti sulla facciata: una ha una superficie liscia e senza ornamenti artistici, l'altra è decorata nella parte inferiore, con scanalature a spirale. Certo è che si fanno notare per la loro semplicità tra ghirigori e minuziosi dettagli. Una particolarità che ha alimentato un'antica leggenda il cui protagonista è il diavolo in persona. Questi era così invidioso della precisione del maestro scalpellino, che gli avrebbe tolto la vita per impedirgli di terminare il suo lavoro certosino che lo avrebbe reso immortale. Tanta bellezza, poi, avrebbe sicuramente attirato l'attenzione dei passanti che, incantati davanti a tanto splendore, sarebbero entrati certamente anche in chiesa a pregare. Da qui la vendetta del Diavolo il quale, timoroso che tanta arte potesse catturare e spingere molti infedeli alla conversione, avrebbe ucciso lo scalpellino che intagliava la colonna. Ecco l'origine del nome che la gente ha attribuito alla colonna di destra, conosciuta da quel momento come la "colonna del diavolo".

Secondo un'altra leggenda invece, la colonna sarebbe rimasta incompiuta perché uno dei discepoli del progettista Giovanni Andrea Larducci di Salò – nipote del famoso Francesco Borromini – che aveva deciso di dedicarsi alla decorazione del pilastro senza l'autorizzazione del maestro, si suicidò dopo che fu rimproverato aspramente dallo scultore.

Un tempo poi, di fronte alla chiesa di San Matteo, vi era la colonna, denominata "infame", perché al posto del capitello, venne collocata la testa mozzata di un nobile leccese che cercò di consegnare la città ai Turchi.

La colonna del diavolo non è però l'unico "segreto" che si trova nei paraggi. Sul palazzo che si affaccia sulla strada a pochi passi da Porta San Biagio c'è un angelo scolpito a testa in giù sull'architrave del portone d'ingresso, che stringe del pane tra le mani. Pare ricordi un miracolo. Si narra che nel 1219 San Francesco, di rientro dal viaggio in Terra Santa, bussò alla porta dell'antico palazzo della famiglia del nobile Alessandro Pirrone per chiedere l'elemosina e gli apparve un fanciullo, un paggio, con in mano un bel pezzo di pane, un "*puddhricasciu*", così chiamato localmente. Riconosciuto il miracolo, fu ordinata la scultura per ricordare l'episodio con il poverello di Assisi.

–Davvero, caro amico, la nostra città è tutta da esplorare. Io, mi vergogno a dirlo, non conosco tanti particolari e leggende come quelle che mi hai raccontato e che rendono seducente e incantevole la sua storia. Del resto non è un caso, dicono, che Lecce sia la seconda città per presenze turistiche dell'Italia meridionale, preceduta solo da Napoli.

–Ce ne sarebbero tante altre. Anticamente, nella notte dei tempi, ogni avvenimento veniva spiegato attraverso la mitologia o la leggenda e, secondo il mio parere, vi è sempre presente una sottile verità che diviene appunto mito, a causa della mancanza d'informazioni e documenti attendibili, perché andati persi o perchè erroneamente interpretati.

La città di Lecce, in tempi antichissimi era chiamata *Syrbar,* che nell'antica lingua messapica significa "Città della Lupa", e fu fondata dal mitico Malennio che divenne anche il primo sovrano. Dopo la sua morte il trono passò nelle mani del figlio maschio di nome Dauno. Tutto questo avvenne all'epoca della guerra di Troia quando il re di Creta, Idomeneo, reduce dal suddetto storico conflitto, non riuscendo a fare ritorno in patria – un po' come avvenne ad Ulisse – a causa di una violenta tempesta, pur di placare la collera del dio del mare Poseidone, fece voto di sacrificare in suo favore la prima persona incontrata, una volta approdato in patria. Queste erano le usanze e i rapporti con le divinità che esistevano all'epoca. Per ironia della sorte, la prima persona incontrata quando mise piede sull'isola fu purtroppo suo figlio. Potete immaginare dunque il travaglio e il tormento interiore del povero Idomeneo, combattuto tra l'amore paterno ed il timore di fare la figura dell'impostore e mentitore. Alla fine nel suo animo prevalse quest'ultimo timore e fu così che sacrificò a Poseidone il proprio figlio.

Ma per lui le sorprese non erano finite, perchè, tornato a corte, scoprì la moglie Meda fra le braccia di un baldo giovine di nome Leuco, il quale oltre alla sposa gli aveva usurpato anche il trono. Frustrato e avvilito, Idomeneo si diresse a settentrione, verso la Iapigia o Messapia, dove erano presenti alcune colonie cretesi. Sbarcato che fu nei pressi di Roca, fu affrontato però dall'esercito del Re di Lecce, Dauno, che lo respinse di nuovo in mare. Dauno aveva una sorella, il cui nome era Euippa che in lingua greca significava "Bella Cavalla" (!), essendo davvero una bella ragazza. Nel frattempo Idomeneo, che non si era capacitato per la sconfitta subita, dopo alcuni giorni di riflessione e meditazione, decise di conquistare con le armi la Messapia. Sbarcato che fu nell'odierna Calabria, formò un esercito e si diresse, via mare, in direzione di Roca con l'intento di impadronirsi del trono. Arrivato però all'ingresso del porto, intravide sulle mura Euippa che nel frattempo, morto Dauno, era diventata Regina di Syrbar (ossia Lecce) e di Roca. A quel punto, invaghitosi di questa bellissima donna, invece di sferrare l'attacco, Idomeneo mandò Cleandro, fratello dell'altro reduce della guerra di Troia, Diomede, a chiederne in suo nome la mano. Euippa accettò e Idomeneo, in un sol colpo, riuscì ad ottenere sia la regina che il trono.

–Quante volte ho letto questi nomi nelle viuzze del centro storico, senza però sapere nulla delle storie che celavano! Ci sono tanti altri nomi di vie, anche in parte molto strani e particolari, di cui un giorno mi piacerebbe conoscerne le origini.

–Dovresti acquistare qualche libro di storia locale... Adesso però, caro Sergio, direi di incamminarci verso qualche *pub* per bere, con questo caldo, una bella birra alla spina e magari mettere qualcosa sotto i denti perchè la fame inizia a farsi sentire...

Mi sta venendo però un'altra idea: qui vicino, nei paraggi, dovrebbe esserci un ristorantino giapponese. Hai mai mangiato il *sushi*?

–Solo un paio di volte quello acquistato all'ipermercato, ma non è che mi abbia impressionato più di tanto.

–Beh, credo che il sushi preparato nei ristoranti giapponesi abbia qualità organolettiche superiori.

–Può essere, Franco. Quello che ho assaggiato io, se non fosse stato per il gusto piacevole dato dalla copertura di fiocchetti di cipolla fritti, non aveva alcun sapore, e comunque nell'insieme non mi ha proprio impressionato!

Oggi sono tutti amanti del sushi, un cibo che ha conquistato l'Occidente negli ultimi anni, insieme al fascino della cucina orientale, in generale. Ma non è tutto oro quel che luccica, come sempre. Tutti pensano che nel sushi ci sia solo riso e pesce. Ma in realtà nessuno si

prende la briga di capire per esempio come si prepara la polpettina di riso del sushi, e cioè scoprire che, da protocollo, viene farcita di zucchero, olio di girasole raffinato e melassa. Già il fatto che per fare il sushi si usi il riso bianco brillato non è certo una buona cosa, da un punto di vista salutistico e nutrizionale. Devi sapere che il riso bianco ha un altissimo indice glicemico, molto più alto di pane e pasta. In più vi aggiungono anche lo zucchero, anzi spesso più tipi di zuccheri. Se fosse preparato facendo una semplice polpettina di riso integrale e poi il pesce adagiato sopra, sarebbe perfetta come soluzione nutrizionale. Ma ovviamente non avrebbe tutto il sapore e l'*appeal* della preparazione con zucchero e aceto. Il popolo orientale è maestro nell'arte della sapidità degli alimenti. La loro storia culinaria insegna, ad esempio, che furono i primi a scoprire e usare il glutammato monosodico, sostanza che cattura il palato, rendendo chimicamente più gustoso il cibo. Nel Sushi troviamo dunque quel mix di zucchero, aceto, sale e grasso del pesce. Tutto ciò scatena un vero e proprio piacere a livello recettoriale nella lingua e nel palato. Dalla lingua e dal palato partono minutissime terminazioni nervose che portano questo segnale direttamente al cervello. Ecco perchè poi quest'ultimo è in grado di "apprezzare" particolarmente un cibo preparato ad arte in questo modo, producendo neurotrasmettitori come dopamina, noradrenalina e serotonina.
–Caspita quante ne sai... sei davvero informato!
–Mi piace essere a conoscenza di tante cose, soprattutto per quanto riguarda l'alimentazione. «Noi siamo quello che mangiamo», diceva il filosofo, e prima di lui Ippocrate – padre della medicina – affermava: «Fa che il cibo sia la tua medicina e che la medicina sia il tuo cibo».

I prodotti di sushi che troviamo pronti nei supermercati possono presentare anche molti più additivi rispetto agli altri, nella fattispecie è possibile trovare confezioni che contengono sciroppo di glucosio, estratti vari di bevande alcoliche come il sakè, l'acido fosforico (E338, quello che troviamo anche nella coca-cola) e addirittura il colorante caramello E150d e questo famigerato esaltatore di sapidità glutammato monosodico E621, tutti composti chimici oggi ormai noti per avere effetti allergizzanti, irritanti per l'intestino ed eccitanti per il sistema nervoso, nonchè noti per creare dipendenza e assuefazione a livello cerebrale. Oltre a questo, si trova spesso anche un conservante molto discusso, il benzoato di sodio (E221), un composto che fa parte dei conservanti antimicrobici o antimuffa e in presenza di vitamina C (acido ascorbico) può formare un potente cancerogeno quale il benzene. E per finire, ciliegina sulla torta, il salmone utilizzato nei sushi da supermercato (ma anche al ristorante e nei self service *All you can eat*) è quello allevato in Norvegia, quello che tutti gli esperti di nutrizione oggi consigliano di evitare a causa del metodo intensivo di allevamento!

–Per carità, Sergio, mi hai fatto perdere l'appetito con tutte queste informazioni! Non l'avessi mai nominata questa moda del *sushi*! Non mi definire suscettibile ma questo *sushi* non suscita in me nessuna attrattiva gastronomica.

–Hai detto bene, è proprio una moda esterofila che ha preso piede da tempo anche qui da noi... e perciò sai che ti dico? Troviamo una piccola trattoria casereccia e facciamoci servire quel prodotto alimentare tipico della nostra terra, senza additivi, glutammato e zuccheri aggiunti, buono, semplice, saporito e corroborante: una bella frisa con caponata!

–Ottima idea, Sergio! Però a questo punto, al posto della birra, io la accompagnerei con un bel fiasco di negramaro.

–Tu innaffia pure col negramaro, io mi bevo un bel calice
di primitivo... alla faccia del "Sol Levante"!

DI CHE SEGNO SEI?

–Come va, Franco... sbaglio o ti vedo un po' giù di umore? Noto in te una sfumatura di malinconia!

–Mah... sì, in effetti oggi mi è salito un po' di malcontento e di malumore. Io poi sono del segno zodiacale della Bilancia, con ascendente sempre Bilancia, quindi un segno ancora più rafforzato... per quanto non abbia mai granchè approfondito questo tema, nè creduto molto all'oroscopo.

–Tanti invece ci credono fermamente. Credere agli oroscopi è una tendenza presente pressoché in tutte le società; quando un fenomeno è così comune, spesso alla base c'è una teoria psicologica universale che spiega il meccanismo con cui siamo soliti pensare ad alcuni aspetti della nostra vita. Anche Jung credeva nell'oroscopo quotidiano, avendo studiato l'astrologia, considerata come flusso temperamentale di base. Io mi ritrovo molto nel mio segno zodiacale che è lo Scorpione.

–Ma anch'io devo dire che mi ritrovo nei tratti caratteristici propri del mio segno. La Bilancia ha due piatti che oscillano perchè tendono a trovare una posizione di stabilità e bilanciamento. Tutto questo provoca una generale indecisione, ossessiva ponderatezza, troppa importanza al giudizio altrui, ricerca di equilibrio e simmetria, pace e giustizia: tutta roba che condiziona inequivocabilmente i nati sotto questo segno.

–In effetti, addentrarsi nella psicologia dell'uomo Bilancia è piuttosto complesso, difficile da decifrare a causa di tale indecisione che lo porta spesso a modificare opinione, nonché al suo essere un po' lunatico; quindi anche l'umore subisce repentini cambiamenti. Tra le caratteristiche del tuo segno, non si può non citare pure una tendenza al narcisismo che rende i suoi appartenenti degli esteti, che notano ogni dettaglio e ci tengono ad essere sempre in perfetto ordine, osservandosi allo specchio più volte. Ciò può risultare fastidioso soprattutto qualora venga trasferito sugli altri, criticando, ad esempio, il loro modo di vestire. Probabilmente, la citata vanità della Bilancia, nasconde alla base una certa insicurezza. Infatti, i nati sotto tale segno ci tengono particolarmente al parere degli altri e ad essere giudicati in maniera positiva.

Gli appartenenti alla Bilancia non sono falsi, tuttavia possono dare quest'impressione proprio perché si sforzano in ogni modo di piacere al prossimo, a volte dicendo o facendo cose che non gli appartengono granchè.

–Basta così, Sergio. Hai detto già tanto e mi riconosco abbastanza nei tratti di cui hai fatto cenno.

–Vedi dunque come l'Astrologia non sia poi così campata in aria? Lo studio degli astri e del loro corso è praticato sin dall'antichità e con esso si presume di poter predire il futuro e indicare le caratteristiche di base della personalità, fondandosi sulla credenza di un influsso astrale che agisce sulle vicende umane.

–Ascolta un po', io ero titubante sull'opportunità di venire anche oggi pomeriggio a pesca, e su questa indecisione non c'entra nulla la mia appartenenza al segno zodiacale della Bilancia. Piuttosto era l'oroscopo giornaliero che, letto per caso di sfuggita, diceva: «Giornata positiva oggi per i Pesci». Da qui la mia esitazione. Che dici?

–Dico che hai fatto una battuta che ho già sentito. È un po' vecchiotta, caro Franco!... Ma rido lo stesso.

–Ce ne sarebbe anche un'altra sull'oroscopo, anche se *off-topic*: Il Toro entra nella Vergine ed escono i Gemelli!

–Stendo un velo pietoso anche su questa... ma sono contento perchè la tua vena malinconica evidentemente giace sul piatto che in precedenza si era abbassato, mentre sull'altro comincia a salire e prendere peso un po' di allegro ottimismo.

–Effettivamente in me è sempre prevalso il pessimismo, almeno per un buon 60-70%, mentre solo in misura minore è presente una venatura di ottimismo. Mi aspetto sempre il peggio dalle cose della vita, proprio per non rimanere deluso e disilluso; se poi i risvolti di certi avvenimenti sono positivi, allora è tanto di guadagnato. Il mio quindi, più che pessimismo lo definirei "realismo".

–Sì, il tuo è un parare i colpi del destino prima che si manifestino. Però se dobbiamo dare credito a quelle che sono le teorie esistenziali degli accadimenti che si ispirano e trovano un appoggio scientifico nella fisica quantistica, devo dire che siamo noi, in qualche modo, a costruire gli eventi, perchè nel punto "zero", ovvero nell'universo quantico, esistono infinite possibilità, e noi dovremmo e potremmo far collassare, cioè dare maggiore energia a quella più desiderata e confacente alla nostra anima. Dalle letture che ho fatto sono sempre più convinto che in realtà la materia non è altro che "spirito congelato" o caricato energeticamente. È chiaro che se tu ti richiami ad un passato negativo, e credi che il passato sia presente e possa, tale e quale com'è, diventare anche futuro, spingendoti a prevederlo in tale modo, la tua fantasia lo ipotizza proprio in questi termini. Invece tu dovresti considerare che il passato è quello, ed è tale perchè è passato, vale a dire è andato oltre la linea invisibile del presente, e quindi non è più nelle nostre possibilità.

Una stupidaggine che ho letto tempo fa in un libro, è l'affermazione che si può intervenire sul passato, cambiandolo: sciocchezza enorme! L'autore diceva che si era intervenuti positivamente su alcune registrazioni di eventi fissati su un nastro magnetico, ottenendo delle modifiche.

–Sì, ma se questo è vero, al limite sono intervenuti sul presente di quel nastro, non sul passato. Hanno modificato la realtà di quel nastro, di quella incisione... non altro. Se in passato io ho tirato un pugno a una persona, quel pugno è rimasto, non è che si può togliere...! Non solo: ma quali sono state le conseguenze di quel gesto?

–Dunque... Cristoforo Colombo ha scoperto il continente americano circa 530 anni fa; da quell'evento, ormai più che passato, sono derivate delle serie enorme di situazioni e avvenimenti, battaglie, guerre, morti, tragedie, eccetera. Allora tu che fai? Non lo fai accadere? Riesci a modificarlo? Ma siamo veramente pazzi ad accettare una affermazione del genere! Che fai, dovresti agire su tutta la storia derivata da quell'evento?... Bah!

–Questo succede quando si vuole spingere l'intelligenza oltre il limite naturale, e si sconfina con l'idiozia!

–Io, caro Sergio, ho un atteggiamento, un modo di affrontare la vita – come ti dicevo prima – stando sul chi vive, sempre con crudo realismo. Mi sono ritrovato innumerevoli volte, tanto per fare un esempio, a passare una serata con una ragazza, in maniera brillante e pieno di ottimistiche aspettative per il giorno dopo. Ma nella serata successiva non era più come prima, qualcosa cambiava, non si creava più quell'atmosfera, quel climax raggiunto la sera prima. Che so... per farti un altro esempio... ho suonato la sera in un locale, tutto perfetto, senza errori, la scaletta musicale gradita ai clienti, applausi frequenti e convinti. Questo il sabato. Il giorno dopo, domenica, convinto di replicare uguale contesto nello stesso locale, niente era più come la serata precedente. Le persone erano più fredde, alcuni passaggi musicali non mi riuscivano come dovevano, e tutto era stranamente diverso.

–Ma era la stessa gente?

–Non erano proprio gli stessi clienti, ma la tensione emotiva, la passione, il pathos, erano magicamente cambiati: non erano più quelli.

–Il problema è che tu stavi cercando di replicare la giornata precedente, invece la vita è fatta di momenti irripetibili. Per ripetere quelle atmosfere bisogna uscire dalla vita, bisogna morire, diventare una macchina. Si replicano esattamente le stesse situazioni quando non c'è anima!

–In tali circostanze pensavo ogni volta ai versi famosi del Manzoni: "...*due volte nella polvere, due volte sull'altar!*".

Così va la vita, mi dicevo: ieri ero sull'altare, oggi invece sono nella polvere, poi magari di nuovo sull'altare, e così di seguito.

–Esattamente! È un procedere ondulatorio...

–È per questi motivi che mi ritrovo ad essere sempre realista, aspettandomi il peggio, tanto il di più, se si verifica, è tutto guadagno.

–Fai attenzione, però... Non devi pensare che tutto vada sempre male, ma, al contrario, devi invece credere che tutto vada per il verso giusto, e fare sempre in modo perchè questo succeda. Poi può pure accadere purtroppo il contrario, ma intanto tu ti impegni con positività.

Ti posso, su questo, fare il mio esempio. Quando mi dovevo laureare, io in quattordici giorni scrissi la bellezza di 342 pagine di tesi. Un tempo brevissimo. È chiaro che avevo gia preordinato il lavoro, raccolto tutte le citazioni, di cui comunque ne usai solo una minima parte, dovendo quindi scegliere, in un lasso di tempo così minimo, quali utilizzare e quali invece scartare. Tieni conto pure che io avevo già problemi abbastanza gravi di vista, con riduzione del campo visivo e, in tutto questo, non volevo nessuno al mio fianco che mi potesse un po' aiutare, poichè ritenevo che la presenza di una persona avrebbe potuto intralciare il mio processo creativo. Ho realizzato tutto in quattordici giorni... e non ero stanco! Dormivo solo cinque ore a notte ma non mi passava assolutamente per la testa l'idea di riposare. Cosa era accaduto dunque nel mio spirito? Semplicemente uno stato di grazia. C'era un rapporto meraviglioso tra coscienza e inconscio, per cui l'inconscio regalava volontariamente e spontaneamente tutto quel sapere e quelle intuizioni, alla mia coscienza, che le metteva poi ordinatamente per iscritto. Una cosa simile mi è accaduta pure qualche altra volta e sono perciò sicuro che quando il proposito è forte e si è davvero determinati, si trovano le energie, e forse allora veramente si agisce sulla realtà. Non è che l'universo mi viene incontro, sono io che plasmo energie. Quando ho avuto bisogno di denaro, l'ho sempre trovato... non per terra, ma ho sempre lavorato, e lavorato di più. È ovvio che prima di compiere un determinato passo io ho fatto un calcolo di massima, e quindi diventava un rischio, bene o male, relativo.

–Anch'io ogni volta, prima di prendere una decisione, essendo Bilancia, ho fatto mille pesi e mille misure. Ho trascorso una vita sempre sul filo del rasoio, teso a soppesare tutto, cercando di non fare il passo più lungo della gamba, facendo proiezioni su quello che era il mio modesto conto in banca, le uscite, il mutuo, le rate della macchina, il condominio, eccetera eccetera. E ora anche il mutuo bancario fatto da mio figlio e che ho dovuto intestare a mio nome, avendo lui un lavoro ancora precario... Non vorrei dire che "stavo meglio quando stavo peggio", quando cioè ero disoccupato e non avevo un soldo, ma vivere una vita da piccolo borghese non è stato e non è certo facile!

–Ma tu hai solo l'anima del borghese piccolo piccolo, in realtà sei un proletario. In te c'è una fierezza e uno spirito d'indipendenza che non s'intravede nel piccolo borghese. Dovresti ricordare il film di Alberto Sordi in cui lui strisciava ai piedi di quel funzionario per cercare di raccomandare il figlio, rappresentando in tal modo vizi e difetti dell'italiano medio. Ti è capitato di soffrire una vita perchè non sei un "borghese piccolo piccolo", non hai proprio queste caratteristiche.

–Mi è pure capitato alcune rare volte di osare, di avere qualche colpo di testa, ma dopo ho avvertito dei sensi di colpa che mi angustiavano l'anima. Ricordo, tanto per fare un esempio, quando tantissimi anni fa entrai in un negozio di strumenti musicali, con l'intenzione di dare solo una semplice occhiata. Me ne uscii invece con tastiera, computer e due grandi casse acustiche. Spesi una grossa cifra che rateizzai, ma dovetti fare i conti però con una pesante e opprimente sensazione di incoscienza e irresponsabilità, come se fossi stato un imprudente; anche perchè avevo risposto picche a tante precedenti richieste di mia moglie per interventi ritenuti da lei necessari circa la funzionalità della nostra casa.

–Ma sai questi sensi di colpa da dove vengono, caro Franco? Vengono da un'infanzia vissuta nelle ristrettezze, con un senso di precarietà, soprattutto a quei tempi, anni 50-60. Anch'io ho combinato qualcosa del genere ogni tanto. Ultimamente ho ordinato, a un bravo liutaio della nostra provincia, una chitarra classica molto costosa, per sostituire quella scalcinata che ho da così tanto tempo. Ho fatto questo nonostante i problemi per me siano tanti, non ultimo quelli legati a mio figlio più piccolo, che ha moglie e prole, ma è rimasto ahimè senza lavoro. Però l'ho sempre aiutato e continuerò a farlo, solo che vivendo io una vita molto ritirata, specialmente in questi tempi pandemici, e non prendendomi mai una vacanza, niente cinema, teatro, vita sociale... almeno una cosa me la dovevo pur concedere. Era un'esigenza, una passione e un desiderio che venivano dal profondo.

Per questo motivo noi non dobbiamo vivere la nostra esistenza come "una vita da mediano", tanto per citare quella famosa canzone di Ligabue, come cioè chi sta dietro le quinte a lavorare e sfiancarsi, portando acqua a tutto vantaggio di chi – più famoso – sarà poi in prima linea ad essere osannato, ad assumersi i meriti, la gloria e gli onori di tutto.

Io quindi vedrei diversamente il tuo passato. In fondo sei venuto da un ambiente socio-economico e familiare abbastanza deprivato. Devi aumentare l'autostima, te l'ho detto anche altre volte, perchè ti privi di soddisfazioni spirituali che invece ti spettano. Non credere che il tuo sentire sia così comune, nè che certe attitudini che hai siano estremamente diffuse.

–Ho sempre cercato di creare la felicità e la contentezza negli altri, nelle persone care innanzitutto, e di ravvivare la loro vita, spegnendo di conseguenza però un po' la mia. A volte penso addirittura che per cercare di aiutare i miei familiari, li abbia invece danneggiati, danneggiando pure me stesso.

–Ti stai sbagliando, invece. Se tu hai tolto qualcosa, l'hai sottratto solo a te. Guarda la tua esistenza con occhio un po' meno acerbamente critico, perchè di fatto ti svaluti; hai sempre questa benedetta tendenza alla mortificazione. La sensibilità, anche spiccata, è giusto che ci sia, però non deve travolgerci. Bisogna cercare di ottenere un'armonizzazione dell'anima, perchè questa si esprimerà compiutamente solo se vengono superati i malesseri. Devono quindi armonizzarsi i contenuti psichici inconsci: trovare un giusto equilibrio tra il conscio e l'inconscio.

–Il mio segno zodiacale è proprio l'immagine iconica, emblematica, di ciò che hai affermato, dove su di un piatto ci sono tutte le pulsioni, le aspirazioni, le spinte e gli impulsi propri del profondo, e nell'altro invece la condotta del proprio "io cosciente", oltre che del "super-io", con i suoi modelli comportamentali, i divieti e i comandi, i codici di condotta, ingiunzioni e schemi valoriali.

–Certo, Franco. Se quindi da una parte tale sfera riveste una funzione positiva, limitando i desideri e le forti pulsioni umane, dall'altra causa un senso continuo di oppressione e di non appagamento.

Non c'è che dire, è proprio un segno tormentato e che ti caratterizza bene, quello della costellazione della Libra, così come veniva chiamata dagli antichi latini. È curioso poi come il partner ideale del tuo segno sia lo Scorpione e, non a caso, io sono proprio Scorpione. Sebbene siano segni molto diversi – equilibrata la prima e poco incline al dialogo il secondo – si completano a vicenda e costruiscono un rapporto duraturo, scegliendosi ogni giorno. Dai discorsi che facciamo, ogni volta che ci si vede, non si direbbe però che io sia refrattario al rapporto dialogico, con tanto di conversazioni e chiaccherate... ma è tutta colpa tua e della costellazione che ti ha visto nascere. La tua Bilancia è un segno d'aria, mentre il mio Scorpione è un segno d'acqua, così come i Pesci. Solo che, a quanto pare, i Pesci che intendo io – in maniera più cruda e prosaica – nuotano in altre acque!

CLASSICITÀ VS. CONTEMPORANEITÀ

–Sergio, perchè sei così accigliato?

–Eh, non posso leggere certe cose, mi sale un nervoso...!

–Di cosa si tratta?

–Tieni presente la favola di Biancaneve? Bene, ho letto che per alcune menti "eccelse" del nostro tempo, questa favola viene considerata immorale, turpe e dunque pericolosa!

–Addirittura... adesso se la prendono pure con le fiabe!

– Sì, perchè pare che la *Disney* abbia deciso di riscrivere la fiaba di Biancaneve, eliminando sia il Principe azzurro che i nani. Hanno ritenuto che il bacio con cui il Principe Azzurro risveglia Biancaneve dal suo incantesimo possa essere considerato retaggio di una cultura patriarcale. Inoltre, raffigurare i piccoli uomini come appunto "piccoli uomini", sia oltremodo offensivo nel mondo del "politicamente corretto". Questi competenti sapientoni del terzo millennio hanno stabilito che le donne non possano essere salvate da nessuno.

–Nientepopodimeno...!

–Per lo stesso motivo un *college* del Massachusetts ha bandito l'*Odissea* dai programmi scolastici, perché Omero diffonde una visione irriguardosa delle donne. Quello che – da oltre duemila anni a questa parte – è il più grande classico della storia della letteratura mondiale, oggi non può e non deve più essere letto! Penso proprio che a questi gli si sia atrofizzato il cervello!

–Hai proprio ragione, ormai non ci si può meravigliare più di nulla. Ogni giorno ne esce una nuova e quest'umanità sta andando davvero alla deriva!

– Forse esagero, ma sono proprio sbalordito e sconcertato davanti a simili cose che a qualcuno possono sembrare bazzecole ma che a me provocano un profondo cruccio e turbamento. È in atto il tentativo sistematico di distruggere quella che è stata la nostra cultura e la nostra storia. Non me ne frega niente se il bacio del Principe Azzurro a Biancaneve sia stato o no consensuale, oppure se Penelope sia davvero un modello femminile da prendere come esempio, ma questo è davvero un abietto e turpe tentativo di cambiare e annichilire la nostra cultura.

Inoltre sono ormai diversi anni che qualcuno ha promosso il tentativo di eliminare completamente alcuni sostantivi dalla nostra lingua. Pensa alla parola "signorina", alla parola "grasso/grassa", "bidello/bidella", "spazzino", "infermiere" e tante altre... Termini tutti che oggi vengono eliminati dal linguaggio e soprattutto dai libri, perché sono ritenuti offensivi per la sensibilità moderna. Invece riadattare un certo modo d'esprimersi, significa cancellare il processo evolutivo che abbiamo compiuto; significa appunto riscrivere la storia. Dietro la volontà di modificare le favole per bambini, di riscrivere i classici o addirittura bandirli, c'è sempre in realtà un attacco alla cultura umanistica, che è la culla del pensiero.

–Sì, ma *cui prodest*?

–La cultura non è solo conoscenza ed erudizione, ma anche costume, comportamento sociale, capacità e abitudini che appartengono alle persone in quanto membri di una comunità. Evidentemente i signori che hanno le leve del potere, che indirizzano a loro piacimento le sorti di questa umanità, i padroni del neo-liberismo, hanno tutto l'interesse a cambiare e snaturare questo nostro consolidato patrimonio intellettuale e linguistico.

–E a proposito di questo, cosa ne pensi delle polemiche degli ultimi anni sulla teoria "Gender"?

–Ah, non ne parliamo! Altra storia questa del "Genere"! È grave poi che si debba manipolare partendo anzitutto dai bambini. Siamo al cospetto di un vero e proprio tentativo di evidente mutazione antropologica. Si cerca di inculcare fin dalla giovane età che non esistono uomini e donne ma ognuno si sceglie il sesso che vuole. Tutto ciò per me è una solenne sciocchezza; i sessi sono due, poi ci sono tutti gli orientamenti sessuali possibili, ma un omosessuale resta sempre un uomo così come una lesbica rimane sempre una donna.

–È pur vero che la realtà è un insieme di situazioni e concetti in cui i confini netti non esistono. Si possono creare contiguità, sovrapposizioni, intrecci sui quali tracciamo linee e diamo definizioni, e che più conosciamo più possiamo o dobbiamo specificare. Ciò non significa che non esistano differenze o che sia tutto nella nostra testa e nella nostra percezione. Quello che osserviamo è spesso molto più fluido di quanto pensiamo. Lo si dimentica a volte e lo si rimuove sempre quando si parla di ideologia del "gender".

–Per me i ruoli – maschio e femmina – rappresentano qualcosa di immobile e determinato per sempre. La Biologia parla chiaro; XX e XY sono i cromosomi sessuali che distinguono, a un certo punto dello sviluppo embrionale, gli individui che saranno maschi da quelli che saranno femmine. Secondo il racconto biblico della creazione, appartiene all'essenza della creatura umana di essere stata creata da Dio come maschio e come femmina. Questa dualità è essenziale per l'essere umano. Non è più valido ciò che si legge nel racconto della creazione: "*Maschio e femmina Egli li creò*". No, adesso, secondo alcuni, non è stato Lui a crearli maschio e femmina, ma finora è stata la società a determinarlo e siamo noi stessi a decidere su questo. Maschio e femmina come realtà della creazione, come natura della persona umana, non esistono più.

–Hanno reso drammaticamente attuale il tema del "gender". L'ambiguo neologismo, fino a non molto tempo fa poco conosciuto, viene oramai impiegato in sostituzione della parola sesso, ma il suo utilizzo, in realtà, nasconde la promozione di una ideologia che, negando l'identità sessuale fondata sul dato naturale e biologico in nome del progresso e della modernità, si propone di rimuovere le denominazioni di maschio e di femmina, considerati termini obsoleti, inadatti a spiegare e rappresentare la complessità e l'evoluzione della nostra società. Questa ideologia, negli ultimi tempi, ha conquistato rapidamente spazi sempre più ampi, fino a poco tempo fa inimmaginabili, arrivando a mettere in discussione e ribaltare concetti elementari e fondamentali del nostro vivere quotidiano.

Ma non ne parliamo più, vedo che anche questo argomento ti provoca nervosismo e irritazione...

–E certo! Nell'attuale società mi sembra che ci sia sempre qualcuno che, annoiandosi per quello che fa (o che non fa) si diverte a sfrucugliare tra le vicende umane, mettendo in discussione l'insieme di norme, valori morali e di etica che riguardano l'agire umano.

Ora che ci penso, ritornando a ciò che ti ho detto all'inizio di questo nostro incontro, e giusto per non farci mancare nulla, mi sto ricordando di un'ultima polemica avvenuta tempo fa, e che riguarda Susanna Tamaro.

–E chi è?

–Non ci credo che tu non conosca gli intellettuali del nostro tempo!

–Intellettuali, dici? Ih, che parola grossa! Certo che la conosco, caro Sergio, e conosco pure l'unico libro di successo che ha scritto (e che nessuno all'inizio voleva pubblicare). Quel "Va dove ti porta il cuore", che effettivamente è stato un *best seller*. Perchè l'hai citata?

–Perchè tempo fa la signora Tamaro, al "Salone del Libro" di Torino, aveva incitato gli insegnanti a non far più leggere ai ragazzi il romanzo *I Malavoglia* di Giovanni Verga, perché secondo lei era ormai superato, noioso e non adatto alla contemporaneità. Poteva forse essere quella l'occasione giusta per una riflessione più profonda sul senso della letteratura e dei classici, ma oltre a queste sue insulse dichiarazioni, il risultato è stato, come al solito in Italia, lo schieramento in due tifoserie contrapposte. Questa scrittrice commette l'errore di considerare la "contemporaneità" solo negli autori contemporanei, dimenticando un fatto fondamentale: che gli autori "classici " sono sempre contemporanei. E quali sarebbero secondo lei poi i grandi autori contemporanei?... Forse quelli che fino all'altro ieri passavano dal salotto del "Maurizio Costanzo Show"? O quali e quanti altri? Ammesso e non concesso che ai tempi del suo unico successo lei abbia avuto qualcosa da dire, cosa mai avrà da dire oggi la "contemporanea" Susanna Tamaro? Stupidaggini come questa?

Il riferimento specifico a Verga è stato particolarmente ingiusto e sbagliato: lei si sarà pure annoiata leggendo i *Malavoglia*, ma credo che sia un problema suo, perché si tratta, per riconoscimento universale, di un romanzo che sta tra i grandi capolavori della narrativa europea dell'Ottocento. È, tra il poetico e il realistico, un ritratto epico e tragico di un'Italia umile e onesta, che ha cercato di sopravvivere, andare avanti e affermarsi con le difficoltà del lavoro, incocciando nella sordità e lontananza da parte dello Stato. L'attualità di questo capolavoro resta invece fortissima, anche se i poveri non commerciano più nei lupini e sono emigrati in altri lidi.

–Ma, ora che mi ricordo, sbaglio o il "giorno dopo" ha dichiarato di essere stata fraintesa?

–È la solita storia già vista e sentita tante volte. Lanciano dichiarazioni quanto meno avventate e poi, accorgendosi del vespaio di proteste e polemiche creato, dicono di essere state male interpretate. Ha asserito infatti di non aver mai detto di odiare Verga, ma che è colpa della scuola italiana che fa odiare la letteratura, e che, naturalmente, un insegnante appassionato può ribaltare questa situazione.

In questo dibattito è intervenuta anche l'Accademia della Crusca, sostenendo come sia ingiusto attaccare Verga e avvertendo che quando suggerisce di sostituire i classici con i contemporanei, Susanna Tamaro dovrebbe nominare, più che sé stessa, gli scrittori del grande stile novecentesco.

–L'unica cosa che mi sento di condividere con questa scrittrice è il fatto che la letteratura italiana conta anche grandi autori del nostro tempo. Il Novecento ne ha avuti alcuni all'altezza dei maggiori più antichi, come Svevo, Calvino, Primo Levi, Montale, Gadda, Pasolini, e ha ragione quando lamenta una scarsa attenzione della scuola alla letteratura più recente. Questo è certamente un limite del nostro sistema scolastico, che, invece di presentare il passato proponendo i grandissimi autori, si attarda anche su quelli antichi ma molto meno rilevanti, arrivando poi tardi e in maniera insufficiente a quelli contemporanei. Da quel poco che ormai mi ricordo, succedeva questo anche ai nostri tempi, quindi è un problema vecchio. Per il resto...

–Lei ha usato queste precise parole: « Come si fa a fare appassionare i ragazzi alla lettura con Verga? Ai ragazzi bisogna far leggere cose che fanno loro eco dentro. Cose moderne, contemporanee o no, ma che sono adatte a loro. Non si può far leggere Verga, lo odiavo già io alle medie.

Basta!... La scuola ti disgusta alla letteratura, la odi ferocemente, odi studiare Dante, cose difficilissime che già alla mia età erano incomprensibili. Io ho odiato leggere da bambina e quindi capisco perfettamente. Negli anni Sessanta c'erano libri noiosissimi. Per innamorarmi di Leopardi ho dovuto aspettare i trent'anni, per Manzoni i cinquanta...».

–Sergio, io dico che siamo stati tutti giovani e insofferenti da studenti. Per molti di noi, ad esempio, anche Leopardi era di una noia mortale. La domanda è: perché continuare a studiarlo allora?

Tanti ragazzi di oggi pensano questo, troppo interessati ai *reality show*, ai *talent* e all'ultima puntata del *Grande Fratello*, per avere tempo da dedicare alla lettura.

Oggi però verrebbe da dire a questi ragazzi: Leopardi è attuale, è dannatamente attuale!

C'è sofferenza nella vita? Certamente. Leopardi ce lo dice e lo scrive. Scrive della sofferenza dell'attesa, delle speranze tradite, dei sogni infranti, delle calunnie degli invidiosi, dell'arroganza dei prepotenti. Leopardi cercava l'amore, anche se le donne gli preferivano uomini sciocchi ma più avvenenti e mondani. Chi nella propria vita non è mai stato infelice? Non ha conosciuto la tristezza, lo smarrimento, la disperazione?

Leopardi non ci mente, non ci mente mai. Non indossa la maschera del moralista, non ci fa prediche e lezioni di vita, non vuole farci credere che tutto andrà bene. Non ci vende illusioni. È questo il vero scopo dell'arte: l'onestà e il coraggio di essere onesti. L'arte ci racconta la bellezza; la bellezza salverà il mondo. Ma dove sta la bellezza? Non sta certo nell'avere, non nel consumare, non in quella vita che mira esclusivamente e aridamente all'interesse, alla sopraffazione dell'altro, non nella società fatta di chiacchiere meschine e vuote apparenze, dove tutti ti guardano dall'alto in basso perché non sei vestito come loro. Ricordiamoci della chiusa de *L'Infinito*: «*Così tra questa immensità s'annega il pensier mio: e il naufragar m'è dolce in questo mare.*» Ogni volta che leggo questi versi mi commuovo. Pensiamo, immaginiamo, sogniamo... Ecco cosa ci sta dicendo Leopardi. Alimentiamo in noi l'immaginazione, perché l'immaginazione ci renderà vivi. Non rassegnamoci a chi ci vorrebbe docili e senza sogni...

A questo serve la vera letteratura, classica o contemporanea che sia: senza bellezza, senza immaginazione, senza i perché, la vita muore.

–Bravo Franco, bel pensiero. La penso esattamente come te. Dimmi una cosa: a parte l'hobby che pratichi – spesso e volentieri insieme a me – leggi ancora come da ragazzo, ai tempi della scuola, o hai un po' rallentato le tue letture?

–Leggo ancora abbastanza. Dipende comunque dai periodi, dagli impegni e dallo stato d'animo...

Ho solo un piccolo grande cruccio: ho letto tantissimi libri, ma ho dimenticato – e questa non è certo una sensazione – la maggior parte di essi, tanto da chiedermi certe volte quale sia lo scopo della lettura. Perchè leggere così tanto se poi la maggior parte delle cose cadono nell'oblio, vanno a finire nel dimenticatoio?

–La tua considerazione credo sia abbastanza legittima, ma non più di tanto. Quella infatti è solo una tua impressione. Anzi a questo proposito ti voglio raccontare un aneddoto di saggezza orientale: Un giorno un ragazzo fece la tua stessa constatazione e, rivolgendosi al suo maestro, gli chiese il senso e lo scopo ultimo di tante letture fatte, visto che dimenticava, nonostante la giovane età, quasi tutto ciò che aveva letto. Il maestro al momento non gli rispose, gli disse solo di avere sete e gli chiese la cortesia di prendergli dell'acqua, usando un vecchio setaccio tutto sporco e arrugginito che era accantonato in un angolo.

L'allievo trasalì, poiché sapeva che era una richiesta assolutamente priva di ogni logica. Non volendo però contraddire il proprio maestro, prese, un po' contrariato, il setaccio. Ogni volta che lo immergeva nel fiume, non riusciva a fare nemmeno un passo verso di lui, che non rimaneva neanche una goccia d'acqua. Ripetè la stessa azione svariate volte ma, per quanto cercasse di correre più veloce, l'acqua continuava a passare negli spazi e nei fori del setaccio, perdendosi lungo il tragitto.

Stanco e rabbuiato per l'illogica richiesta, si sedette infine accanto al maestro dicendogli: «Non riesco proprio a prendere l'acqua che mi avete comandato di fare con quel setaccio. Perdonatemi Maestro, è una cosa improponibile ed io ho fallito nel mio compito».

A quel punto il vecchio, sorridendo, gli rispose: «Tu non hai fallito. Guarda il setaccio, adesso è come nuovo, lucido e brillante. L'acqua, filtrando, lo ha completamente ripulito e reso sfavillante. Quando tu leggi dei libri, in pratica sei come questo setaccio ed essi sono come l'acqua del fiume. Non importa se non riesci a trattenere nella tua memoria tutta l'acqua che essi fanno scorrere in te, poiché i libri con le idee, le emozioni, la conoscenza, le verità che troverai tra le loro pagine, puliranno la tua mente e la tua anima, rendendoti una persona nuova, migliore e rigenerata. Questo è lo scopo della lettura».

Se Dante, Dostoevskij, Goethe, Pirandello, Verga, eccetera... potessero parlare, ci direbbero: «Leggeteci, leggeteci, non abbiate remore a farlo. Leggete e non abbiate pregiudizi!». Se qualcuno va dicendo che gli scrittori russi sono pericolosi, che studiare Shakespeare non serve a nulla, che leggere Dante significa essere antiquati, non crediamogli. Ogni volta che vediamo un cartello che dice «Vietato l'ingresso», entriamo subito.

È facile constatare che la letteratura è l'esperienza più democratica di tutte! Perché tu puoi essere un nobile o un popolano, ma quando sei davanti a un libro, non conta più chi sei, quanto possiedi o che lavoro fai. Ci sei soltanto tu e la pagina che ti sta davanti, con la voglia di capire e di conoscere. Non ci sono né regole né leggi né frontiere, perché quando tutti dicono: «Questo è giusto, questo è sbagliato», c'è uno scrittore che ti spinge ad andare oltre la superficie e a porti tante domande. E se ti chiedi a cosa serve la letteratura, sappi che essa non serve a nulla. Non ha un'utilità pratica. Non serve per fare carriera, per diventare ricchi o avere successo in società. Serve però a nuocere alla stupidità, a fare delle generalizzazioni e dei pregiudizi qualcosa di vergognoso. Ma la cosa più importante di tutte è una sola: leggere ci dà un piacere incalcolabile, infinito, sconfinato!

Anche se in questo periodo, amico mio, non stai leggendo alcunchè, stai vicino a chi lo fa. Che al contrario del fumo, la lettura passiva fa benissimo.

LA FELICITÀ

–Ciao Franco, perchè ti sei posizionato qui, oggi?

–Ho voluto cambiare postazione, sperando di fare finalmente una buona pesca. E poi c'è una leggera increspatura del mare proprio in questo punto, e sembra davvero promettente.

–Sì, però vedo che anche tu sei un po' increspato, corrucciato, pensoso...

–Sai benissimo che approfitto della pesca per riflettere su tante cose della vita. Prima che arrivassi tu, fissando l'acqua, forse ipnotizzato dal movimento delle onde del mare, ero sprofondato dentro me stesso e, non so perchè, mi è venuto di riflettere sulla nostra condizione umana. Sulla possibilità o meno di avere qua e là un po' di gioia di vivere o addirittura giungere alla felicità, anche se questa è una parola troppo grossa che sconfina con l'utopia.

–Siamo spesso preda di emozioni opposte ad essa, e cioè senso di afflizione, scontentezza, tristezza, malumore... attribuendo il tutto agli altri: a un partner sbagliato, a un genitore che ha inciso negativamente sull'affettività, a un amico o amica che hanno avuto comportamenti ambigui e ci hanno tradito; insomma a tutto uno sguardo esterno che ci induce a credere che la nostra felicità dipenda esclusivamente da ciò che succede attorno a noi.

–Appunto, Sergio! Come si può star bene ed esser contenti della propria vita, delle proprie vicende, quando intorno a te ci sono persone che non comprendono, non capiscono... non ti capiscono?

–Questa però è un'idea sbagliata, relativamente al benessere interiore.

–Amico mio, mi è difficile pensare che la qualità delle relazioni e la vita sociale non influenzino il nostro stato interiore. L'essere umano è, per quanto ne so, tra i più socievoli del pianeta, quindi ritengo impossibile che le nostre emozioni non siano condizionate da chi ci ruota attorno.

–La felicità è una condizione che ognuno di noi percepisce in modo diverso: per molti è il successo, per altri è la ricchezza, per altri ancora è donare o abbandonare le conflittualità verso il prossimo. Corrisponde a uno stato emotivo positivo, una sensazione di gratificazione e di benessere. La felicità viene quindi associata a un insieme di emozioni che procurano soddisfazione in abbondanza.

Pensa che anche la chimica del nostro cervello, quando viviamo dei momenti felici, si mette in moto, attivando alcuni importanti neurotrasmettitori, come la dopamina che è in grado di controllare la sensazione di piacere e di appagamento; la serotonina che ci fa sentire importanti e motivati; l'ossitocina legata ai rapporti sentimentali; le endorfine che agiscono contro il dolore, ed altri.

È uno stato d'animo non del tutto oggettivo, e trovarla dipende dalle caratteristiche individuali di ogni individuo. Come abbiamo discusso diverso tempo fa, continuo a sostenere che il segreto per imparare a essere felici è quello di vivere nel "presente", apprezzando la quotidianità e la compagnia delle persone che amiamo, favorendo senz'altro i pensieri positivi contro quelli negativi. La felicità non va cercata all'esterno, ma è dentro di noi. È indispensabile imparare ad accogliere persino i momenti tristi, dove piangere è necessario, e anche rimanere soli di tanto in tanto. Senza la tristezza non potremmo comprendere la felicità. È questa la logica dei contrari che, secondo Eraclito, concorrono tutti insieme in un indissolubile rapporto dialettico a costituire tutti gli esseri, la loro esistenza e le loro emozioni.

–Effettivamente è proprio così. Solo sperimentando e quindi conoscendo le sensazioni e i turbamenti negativi, lavorando sulle varie contraddizioni, invece di far finta che non esistano, possiamo arrivare a sentirci autenticamente felici, senza ricorrere a scorciatoie ma puntando alle potenzialità che abbiamo – diciamo anche alla forza del carattere – e alle virtù personali.

–La felicità è un'emozione che proviamo tutti e che convive quotidianamente con tante altre emozioni. Per viverla appieno dobbiamo darle spazio, farla entrare nella nostra *comfort-zone* e diventarne responsabili. Per ottenerla o cercare almeno di avvicinarci ad essa, dobbiamo socializzare con le altre persone, condividendo le emozioni; imparando ad apprezzare ciò che si ha; imparando ad accettarsi e infine, perchè no, fare anche del movimento e attività fisica. Ogni essere umano, almeno una volta nella propria vita, si ritrova a riflettere sul significato della felicità. Oppure magari non ci si sofferma mai perché crediamo di non meritarla o perché siamo troppo impegnati ad essere felici per ricordarci di rifletterci su. Bisogna cercare di provare emozioni positive riguardo al passato e al futuro, assaporare i piaceri della vita e, soprattutto, trarre gratificazione dalle proprie potenzialità.

–Nel corso della nostra vita le tempeste che ci assaliranno saranno sicuramente numerose, ma se riusciamo a costruire uno stato di benessere prettamente spirituale, quindi immateriale, cercando di appagare i desideri che vengono dal profondo, allora possiamo dire di essere finalmente riusciti a raggiungere quella beatitudine, la cui parola chiave è felicità. Spesso si incorre nel rischio di convincersi di raggiungere la felicità attraverso l'acquisto di un bene materiale qualsiasi, ma questo piuttosto rientra nella soddisfazione, che quasi sempre si stempera e perde il suo effetto col tempo e l'abitudine.

–A proposito di beatitudine, mi hai fatto ricordare il famoso discorso di Gesù sulla montagna, quando salì appunto sul monte, si pose a sedere e cominciò a parlare, insegnando ai suoi discepoli e dicendo: «*Beati i poveri in spirito, perché di essi è il regno dei cieli. Beati quelli che sono nel pianto, perché saranno consolati*», eccetera eccetera...

–Mi sorprendi però, Sergio: ti sapevo ateo!

–Sì, ma ti avevo pur detto che l'ateo è un "credente rovesciato".

–Ok, me lo ricordo, ma per dirla alla "Ferrini", quel personaggio della cricca di Renzo Arbore, di tanti anni fa: «Non capisco ma mi adeguo!».

–Non è poi difficile da capire... insomma, come ti dicevo, quella seconda di cui parlava il Cristo, è la beatitudine più paradossale: "*Beati quelli che sono nel pianto*". "Felicità" e "lacrime" mescolate insieme, sarebbero quindi indissolubili. Dio è dalla parte di chi piange, ma non dalla parte del dolore! Un angelo misterioso annuncia a chiunque stia piangendo: il Signore è con te. Dio non ama il dolore, è con te nel riflesso più profondo delle tue lacrime, per moltiplicare il coraggio, per fasciare il cuore ferito; nella tempesta è al tuo fianco, forza della tua forza. La parola chiave delle beatitudini è proprio, come hai detto tu poc'anzi, "Felicità".

–È esattamente così, amico mio, e allontanandomi da considerazioni religiose – proprio io che dovrei invece farne più di te – non trovo altro da dire se non che esiste un indicatore universale della felicità: ed è il sorriso! Ho letto infatti, da qualche parte – ma lo si può facilmente notare in chi è gioioso e contento – che si creano microespressioni facciali con il coinvolgimento di due muscoli durante l'espressione di piena gioia, i quali sollevano gli angoli della bocca e l'area intorno alle palpebre. Il sorriso autentico di chi è felice ha le tipiche rughe ai lati esterni degli occhi, con arricciamento della pelle dovuto al sollevamento delle guance, nonché un abbassamento lieve delle sopracciglia...

–Negli altri di certo. In me, guardandomi, troverai solo semplici rughe dovute all'età, quindi di antica genesi!

–Ma che dici... le tue sono rughe di espressione!

–Sarà pure come dici tu, ma è l'espressione di chi è "sotto il segno dei pesci" – parafrasando ciò che cantava Venditti – ovverosia di chi è "succube" dei pesci, non la costellazione, ma mi riferisco a quelli che dovrebbero stare in mare... e invece chissà dove sono andati a finire!

–Ma staranno lì, dai...! Avranno semplicemente cambiato tratto.

–Sta a vedere che sono andati nella postazione solita, che però proprio oggi abbiamo abbandonato... *sangre y muerte y dannacion!*

–La tua contraddittorietà mi fa però ridere. Poco fa eri impegnato anche tu in discorsi filosofici sulla felicità e ora hai cambiato improvvisamente registro, sei diventato sciatto e prosastico!

–Accetto benissimo la tua critica, ma è il proscenio che non è di mio gradimento, e mi meraviglio come tu invece ti comporti da stoico e non abbia reazioni di nessun genere... ma già, ti capisco, male che vada hai sempre l'abbonamento col pescivendolo sotto casa, da cui attingere. Il problema è solo mio.

–Ma no, dai! Più tardi, quando ce ne andremo te lo presenterò, così attingerai anche tu da lì, e sicuramente ci farà pure uno sconto comitiva. Per darci un tono diremo

che facciamo entrambi parte della sede marina dell'Asso.
C.P.S.F.T.P.
–E che cos'è?
–Associazione Culturale Pescatori Sfigati e Filosofi a Tempo Perso.
–Sei sempre in vena di scherzare. Il buonumore non ti manca, nonostante tutto!
–Cerco di tirarmi su aiutandomi con qualche concetto filosofico, e con un progetto a cui sto lavorando da tempo.
–Cioè?
–Quello di provare a creare un "filo mentale interdentale" con i pesci. Quello di nylon che usiamo non serve, li allontana!
–Ah Ah!... E io che ci stavo cascando. Secondo me sono invece i nostri discorsi che ogni volta li mantengono a distanza. Devono avere delle capacità extra-sensoriali a noi sconosciute; proviamo a parlare in maniera meno aperta e più criptica, e vediamo che succede...
Comunque, ritornando a discorsi più seri, essere felici non è solo sorridere! La felicità si legge anche nei gesti gentili, nella fiducia per il futuro, nella calma di chi sa affrontare le tante difficoltà della vita senza esserne travolto. Con essa si favoriscono i rapporti interpersonali più sani, quelli non basati sull'egoismo o sul bisogno. In presenza di emozioni positive migliorano anche le capacità cognitive, consentendo del tutto la piena espressione delle proprie potenzialità.
La felicità riduce un po' anche la timidezza e l'inibizione, e si sa, prendersi poi meno sul serio, abbandonando timori e preoccupazioni, apre la strada a nuovi preziosi orizzonti!
Per raggiungere questa dolce condizione bisogna esser capaci di provare gratitudine verso gli altri, avere anche la volontà e l'attitudine a perdonare, e infine essere ottimisti; tutte opere a cui, fortunatamente, ci si può allenare.

–Stavo pensando, Sergio, che come in tutte le cose, ci dev'essere sicuramente però anche qualche piccola controindicazione. E per me la controindicazione – si fa per dire – è senza dubbio la "contagiosità".
Se ognuno sapesse, o si rendesse conto di quanto è efficace un sorriso, probabilmente ne vedremmo molti di più in giro.
–Fisiologicamente ognuno di noi è vittima degli sbalzi d'umore, delle giornate "no" in cui anche la sveglia ci sembra una condanna a morte e delle giornate dove, invece, tutto fila liscio e va per il verso giusto. Dovremmo renderci conto allora che questo fa parte del nostro essere umani, e riguarda tutti, quindi non è patologico.
I cambiamenti dell'umore sono classificabili come disturbi solo quando compromettono seriamente la nostra vita lavorativa, sociale e personale, e allora in quei casi si dovrebbero prendere altri provvedimenti. Gli sbalzi d'umore che invece caratterizzano la nostra quotidianità sono del tutto normali.
–Io lo vado dicendo da sempre che avere sbalzi d'umore è bellissimo... è bruttissimo... è bellissimo... è bruttissimo... è bellissimo... è bruttissimo...
–Franco, io parlo seriamente, e tu invece fai battute!
–Ma mi vengono spontanee... tanto più che so che difficilmente assaporerò la felicità!
–Beh certo, se tu ti aspetti chissà quali grandi eventi! La felicità è innanzitutto nelle piccole cose e rimane un'emozione primaria che proviamo tutti e che si presenta nelle nostre giornate, come tutte le altre emozioni. Essere consapevoli dei suoi meccanismi e manifestazioni migliora la conoscenza di noi stessi, facilitando il suo riconoscimento nella vita quotidiana. Non disperare dunque, guardala negli occhi quando arriva, invitala a

sedere al tavolo delle tue emozioni, conoscila e dalle tutto lo spazio che merita.

–Belle e poetiche queste tue affermazioni, Sergio. Comunque voglio adesso parlare seriamente e, avendo io fatto studi tecnici, infarciti di una buona quantità di matematica, diverso tempo fa mi sono imbattuto per caso, e sono stato attirato dalla lettura di un articolo scritto da uno psicologo di fama internazionale, straniero, e di cui non ricordo il nome. Costui, fondatore della "Psicologia positiva", cioè del tipo di psicologia che predilige più le potenzialità e il benessere dell'individuo, piuttosto che le eventuali sue negatività e sofferenze, ha elaborato la "Formula della Felicità Autentica". Incuriosito, essendo stato abituato da giovane studente a maneggiare formule, ho letto questa espressione:

$$H = S + C + V$$

Dove "H" sta per Felicità (*Happiness*) e ne indica il suo livello permanente;

"S" sta per *Set range*, cioè la sua quota fissa;

"C" indica le circostanze della vita;

"V" i fattori che dipendono dal nostro controllo volontario. In pratica possiamo dire che:

Livello permanente di felicità (H) = Felicità costituzionale (S) + Circostanze della nostra vita (C) + Fattori sotto il nostro controllo (V) (cioè valutazione del passato, aspettative sul futuro, piaceri e gratificazioni).

La felicità costituzionale è la felicità fissa con la quale nasciamo e che ci rimane per tutta la vita. Il valore che le viene attribuito è il 50%. Su questo valore non si può intervenire in nessun modo. Sembrerebbe una pazzia, ma non lo è. Secondo lo psicologo, tutti noi siamo felici per il 50%. Lo sei tu, lo sono io, lo sono le persone senza lavoro, senza una casa, ecc... Chiunque ha questo livello fisso di felicità.

Le circostanze della vita incidono invece per il 10%;
I fattori sotto il nostro controllo arrivano al 40%.
Sommando queste percentuali, otteniamo il 100%, che rappresenta quindi ciò che possiamo chiamare "Felicità Autentica".

—Non l'avrei mai detto che qualcuno potesse elaborare una formula del genere, del resto l'universo è governato dai numeri e si sa che anche i grandi filosofi del passato si intendevano oltretutto pure di matematica, geometria, astronomia, e varie discipline. Io però, forse perchè la matematica non è mai stata il mio forte, preferisco la pura speculazione filosofica...

—Se vuoi ti spiego di nuovo la formula, è probabile che non sia stato chiaro!

—No, Franco, per carità, risparmiami... diciamo pure che l'ho capita... altrimenti mi renderesti davvero infelice!

—Basta così, allora. Ti lascio alla tua felicità, ma ricordati: Se sei felice non gridarlo troppo, la tristezza ha il sonno leggero!

—Beh, a questo punto, amico caro, a conclusione di un altro nostro ennesimo e piacevole incontro, visto che mi hai provocato, ti rispondo anch'io con una battuta: Goditi le grandi cose della vita, e pure le piccole cose, poi goditi anche le cose medie della vita, e se ti avanza tempo goditi tutte le altre taglie rimaste!

—Ci penserò Sergio, grazie del consiglio. Ma, dimmi un po', ci hai mai riflettuto?... Cosa vuoi, in definitiva, tu dalla vita?

—Io niente. Ha cominciato lei!

C'ERA UNA VOLTA... LO STEREO

–Hai notato, amico mio, come gradualmente siano spariti in città tutti i negozi specializzati nella vendita di dischi e impianti *Hi-Fi*?
–Certo, purtroppo. Il mercato musicale è completamente cambiato rispetto ai nostri tempi. I giovani d'oggi sono soliti ascoltare musica su *Spotify, Apple Music* e piattaforme varie: tutto liquido ed effimero. Non c'è più l'idea dell'album e del *concept,* niente copertine e libretti da leggere e sfogliare. Certo, il web è pieno di informazioni, ma tutto scorre e scompare. In generale l'ascolto è molto più superficiale. Possono attingere più o meno gratis, o comunque a prezzi accessibili, a un numero enorme di artisti, di titoli, ma senza approfondire nulla. Di conseguenza i negozi fisici hanno dovuto chiudere i battenti. Se non sbaglio, facendo mente locale, nella nostra città ne è rimasto solo uno, quello in piazza Mazzini.
–Ricordo invece che ce n'erano tanti. Anche i negozi di strumenti musicali avevano lo spazio dedicato ai dischi, musicassette, e più tardi anche ai cd. A questi si sommava la grande distribuzione, tipo *Upim* e *Standa*, con i loro reparti dedicati alla musica. Con l'ausilio di una cabina o di un piccolo spazio ivi predisposto, il cliente poteva indossare la cuffia e ascoltare i vinili che aveva prelevato dall'apposito scaffale di vendita. In base al proprio indice di gradimento poteva acquistarli o riposizionarli lì dove erano.
–Uno spaccato di vita nel quale mi ci riconosco a tutti gli effetti e che mi richiama alla mente tanti bei ricordi. Apripista in famiglia fu mio fratello, molto più grande di me, con la grossa radio in legno, assai potente, da lui

acquistata sul finire degli anni '50, marca *Raymond*, un *brand* diffuso in quegli anni. Non ricordo quanto fu pagata perchè ero davvero piccolino, ma a quei tempi costava un occhio della testa. Aveva sul frontale – in alto a sinistra – "l'occhio magico", cioè un *diodo* che segnalava la frequenza su cui era sintonizzata la radio, e poi sulla parte superiore, alzando uno sportello, appariva il giradischi a 78, 33 e 45 giri. Nella parte anteriore c'erano le due manopole per il volume e il *tuning*, e giù, centralmente, i tasti per la scelta del *phono* oppure per le varie stazioni radio in onde corte, medie e modulazione di frequenza. Insomma, una siccheria per quei tempi!

Ho ascoltato tanta di quella musica con la radio e soprattutto con i dischi comprati da mio fratello, il quale era aperto alla modernità e si accaparrava, in società con un suo amico, tutte le ultime novità discografiche, prediligendo soprattutto le nuove tendenze musicali. Abbastanza spesso poi – sia d'estate che d'inverno – organizzavano con gli amici le feste in casa per ballare, e io, nonostante l'età, vi presenziavo con molto diletto e anzi, quando la serata iniziava a scemare, ero proprio io che sceglievo i dischi da mettere sul piatto, trasformandomi così in un piccolo, ma proprio minuscolo, *disc-jokey*!

–Beato te! Io invece son dovuto andare molto più in là negli anni, prima di poter usufruire di un simile ascolto. Quando i miei genitori mi comprarono lo stereo, con il suo bel mobile e l'anta di vetro – che si ruppe quasi subito – iniziai a organizzare feste nella taverna del bar che i miei gestivano in quel periodo. Acquistavo i mix – i mitici vinili per le discoteche – da un amico che lavorava come *dj*, ma non avendo il *mixer*, l'unica cosa che potevo fare era "*scratchare*" con la puntina (e quante ne dovetti cambiare!). Poi un bel pomeriggio misi "*Non al denaro, non all'amore, nè al cielo*" di Fabrizio De Andrè... e alle mie feste non venne più nessuno.

–Ah, se è per questo la stessa cosa capitò pure a me.

Erano i primissimi anni '70 – i migliori musicalmente, secondo me – e d'estate, al mare con gli amici, avevamo l'abitudine di portare un registratore a cassette. Ti ricordi i cari, vecchi, "*Geloso*"? Bene. Da un po' di tempo i miei gusti musicali si stavano evolvendo, e canzoncine tipo "Donna Felicità", "Singapore", "Color cioccolata", "Tuca tuca", "Lisa dagli occhi blu" e affini, che imperversavano in quegli anni, cominciavano a stufarmi e infastidirmi. Non mi dicevano assolutamente nulla. Cominciai allora a far sentire anch'io canzoni di De Andrè, Claudio Lolli e autori del genere, più impegnati. Non ti dico le critiche, i lazzi e gli sberleffi! Mi vennero pure i sensi di colpa: forse avevo effettivamente un tantino esagerato, non erano quelle le canzoni più adatte per stare sulla spiaggia e divertirsi. Erano testi più profondi che facevano riflettere e pensare, ma si sa che al mare – specialmente a quell'età – l'unica cosa a cui pensare è il puro divertimento. Forse avevano ragione loro, ma col tempo ho avuto modo di recuperare. La stessa cosa mi successe quando conobbi mia moglie. Era il mese di agosto, ed eravamo due fidanzatini distesi sulle dune di "Torre dell'Orso" ad abbrustolirci al solleone come iguane delle Galapagos. Invece di creare un'atmosfera consona per quel momento, io presi il registratore e inserii la cassetta *Ho visto anche degli zingari felici*" di Claudio Lolli. La canzone che capitò in quel momento, diceva:

> "*Oggi è morta una mosca, dopo avere volato,*
> *tanti anni da sola, bassa bassa su un prato.*
> *Un prato non è mai abbastanza grande*
> *perché una mosca ci si perda,*
> *ritrova sempre il suo cespuglio,*

il suo dolce odore di merda".

Lei fece subito una smorfia e abbozzò un accenno di critica che riuscii prontamente a bloccare, cambiando subito nastro e mettendo i Pink Floyd di *"The dark side of the moon"*, canzone nel cui titolo c'è la parola *"moon - luna"*, ma sotto quel sole cocente la luna dava, se non altro, l'idea di un po' di frescura.

–Erano davvero bei tempi. Lo scambio di *cassette* e di *LP* con gli amici era di protocollo. Faceva orgoglio presentare qualcosa che, con la modalità del tempo, diventava virale nella cerchia allargata delle conoscenze. Il negozio di dischi era un tempio dei sogni e delle curiosità ed era fondamentale che li facessero sentire per bene, prima dell'eventuale acquisto. Alcune commesse ti proponevano una pila di novità e ti lasciavano lì ad ascoltarle, in tutta calma. Questi negozi avevano capitali investiti in dischi d'avanguardia ma vivevano sulle *hit* del momento, che rinfrancavano la cassa. Poi la grande distribuzione iniziò a vendere solo quelle *hit* a prezzi competitivi e, mentre compravi il latte e le verdure, mettevi nel carrello anche una *compilation* di De Gregori o Lucio Dalla. Il destino era l'omologazione musicale, ma internet ha in effetti riaperto oggi la possibilità della scoperta, e di questo sono grato. Ho comunque ancora tutti i dischi e cd. *Cassette* poche; in genere si perdevano nel giro degli amici o si buttavano, col nastro completamente imbrogliato che neanche con la penna *Bic* riuscivi più a ripristinare!

–Ci fu un periodo in cui quasi in ogni casa vi era un'impianto stereo. Io tiravo sempre avanti con il mio classico e legnoso radio-giradischi *Raymond*, ma questo, pur avendo un suono potente, era purtroppo monofonico e tanti suoni e sfumature acustiche, date dalla nascente stereofonia, non riusciva proprio a riprodurle. I soldi a casa erano pochi e questi primi giradischi stereo, compatti,

costavano ancora troppo. Per fortuna avevo la possibilità di ascoltare della buona musica, comprendente tutti i nascenti gruppi pop-rock, a casa di un mio amico e compagno di scuola. Ero insieme a lui quel pomeriggio, quando si decise a comprare in un negozio della città un bel *Grundig* stereo, con annesse casse, che emetteva un suono potente, brillante e meraviglioso – almeno così sembrava al cospetto delle mie orecchie ancora troppo abituate al suono mono. Avevamo da tempo fatta amicizia in città col titolare del negozio *Pick-up*, il quale si accontentò di un congruo anticipo, ed il resto lo dilazionò in piccole rate, basandosi sulla semplice fiducia, senza carte e scartoffie varie, come si è soliti fare in casi simili... ma erano altri tempi, la gente era diversa, e bastava semplicemente uno sguardo e una stretta di mano. La cosa curiosa fu che il mio amico Silvio, riuscì a pagare quasi tutta la restante somma con le vincite che riusciva a ottenere giocando ai biliardini del bar che frequentavamo, nella piazza del paese. Io mi giocavo una semplice "consumazione" al banco, lui invece, con i più danarosi, giocava per raggranellare quattrini e pagarsi la rata. E riuscì a farcela! A casa sua, ogni pomeriggio, echeggiavano le voci dei vari Cat Stevens, Simon and Garfunkel, John Lennon, Paul Mc Cartney, Pink Floyd, Genesis, Jethro Tull, Yes, The Who, Led Zeppellin, Deep Purple, oltre ai nascenti gruppi *rock-progressive* italiani, quali Le Orme, P.F.M., Banco, eccetera...
Eh, che tempi memorabili!
–Sono assolutamente d'accordo con te, sono stati proprio tempi meravigliosi, indimenticabili e irripetibili, e non solo per la nostalgia dell'età, ma per tutto quello che c'era attorno a noi!
–Il tempo passa in fretta, e l'arrivo degli anni '80 mi vide ormai fortunatamente inserito nel mondo del lavoro, con la

possibilità quindi di poter fare qualche acquisto di un certo spessore. Essendo però abbastanza parsimonioso, mi accontentai di un compatto radio-registratore, marca *Europhon*, da 25+25 watt, che sostituì finalmente il caro vecchio giradischi monofonico. Casa mia sembrò "illuminarsi d'immenso" col nuovo suono. Ricordo ancora la prima canzone la sera in cui lo "collaudai" . Fu "*Il pescatore*", di quel Fabrizio De Andrè che, da adolescente, gli amici al mare mi avevano soffocato e represso. Ma questa era una versione dal vivo, rielaborata e suonata con la P.F.M., dunque molto più viva, potente e rockeggiante: un portento alle mie orecchie!

In me c'era però un cruccio. Con l'apparecchio che avevo comprato non potevo ascoltare più alcun vinile. Mi ripromisi allora di sopperire, un giorno non lontano, a questa mancanza.

–E già, nel frattempo aveva preso piede il sistema *Hi-Fi*, costituito da più componenti indipendenti, spesso di marche diverse, collegati fra loro: amplificatore, piatto giradischi, piastra di registrazione, equalizzatore e casse. Il tutto contenuto di solito in un bel mobiletto laccato posto in salotto.

–Era proprio l'impianto che desideravo, per ascoltare in casa l'Alta Fedeltà. Con un pezzo per volta, tenendo presente le caratteristiche e i parametri dei singoli componenti, riuscii a realizzare tale impianto. Fu una meraviglia per le mie orecchie (e per quelle dei vicini)... almeno così credevo e speravo!

Il sabato mattina, soprattutto, essendo per me giornata di riposo, accendevo portando al massimo delle sue capacità il mio sistema *Hi-Fi*, e davo ospitalità ai miei beniamini musicali. I Pink Floyd e tutti i loro colleghi d'oltre Manica erano i miei ospiti abituali, insieme poi ai cantautori e gruppi *progressive* nostrani, di livello.

–Purtroppo c'è da dire che, in linea di massima, oggi i ragazzi non hanno alcun gusto per la musica ben suonata. Cuffiette, mp3 di scarsa qualità, piccole casse *bluetooth* piene di bassi ma monofoniche (un regresso agli anni '50!), per non parlare dell'assenza di supporti fisici come vinili, cd, e senza citare le vecchie C60 che io, da studente squattrinato, ho registrato e sovraregistrato a iosa. Ascoltano, distratti, la musica di sfuggita sui cellulari che, per buoni che siano, hanno un suono ben peggiore rispetto alle vecchie radioline a transistor che usavamo noi. Non è certo questo il modo migliore per ascoltare la musica, qualunque essa sia!

–Quel mio vecchio impianto ormai non c'è più. I miei figli, da piccoli, lo hanno manomesso – ho usato un eufemismo – rompendo per prima cosa lo sportello di vetro fumè, e poi numerose testine pick-up, oltre a bucare i coni delle casse acustiche e altro... Pazienza. In compenso è cresciuto in loro l'amore per la musica, ed è questa la cosa importante! Diciamo che hanno avuto la possibilità di esplorare il pianeta musica fin dai più segreti e reconditi luoghi di emissione e produzione!

–Come hai fatto poi a restare senza, tu che ami tanto l'ascolto di buona qualità?

–Ho provveduto anch'io in altri modi, usando addirittura la mia potente amplificazione per il piano-bar, e poi c'è da dire che nel frattempo i vecchi fruscianti *33 giri*, da ascoltare sul piatto giradischi, non si producevano più, soppiantati com'erano stati dai freddi *cd*. Da un po' di tempo anche questi ultimi sono però caduti in disuso, mentre al contrario c'è stata una ripresa e una nuova primavera per il caro, vecchio vinile, tanto che molte nuove produzioni artistiche vedono la luce anche, o a volte esclusivamente, su questo antico analogico supporto, dal suono più caldo e corposo. Insomma il vecchio *long-*

playing ha nuovamente riacquistato tutto il suo fascino e prestigio. Proprio per questo, aiutato dai miei figli, che nel frattempo – così va il mondo – sono diventati esperti in questo settore, mi sono rifatto un nuovo impianto stereo *Hi-Fi*, con tanto di giradischi Technics a trazione diretta e braccio di lettura a "S".

Devo dire che come riesco ad ascoltare lì la mia musica, non esiste altro strumento in grado di generare le stesse vecchie e care emozioni!

–Sì, hai perfettamente ragione e, consentimi... ho pure una leggera ma sana forma di invidia nei tuoi riguardi!

–La musica è l'unica arte immateriale, e porta verso la trascendenza, verso l'oltre... Un uomo non può essere ebbro di un romanzo o di un quadro, ma può ubriacarsi della *Nona di Beethoven*, della *Sonata per due pianoforti e percussioni di Bartók* o di una canzone dei *Beatles,* o un brano esoterico e spirituale di *Battiato.* È il linguaggio dell'anima. La sua segreta frequenza vibra tra il cuore di colui che canta o suona e l'anima di colui che ascolta.

–Tutto vero amico mio! Il grande Bob Dylan diceva pure: «Il bello della musica è che quando ti colpisce non senti dolore». Ma perchè ti colpisca abbiamo tutti bisogno di un bell'impianto stereo *Hi-Fi*.

E allora ho deciso: porrò riparo a questa mia manchevolezza... ma con calma, giorno dopo giorno, mese dopo mese, rata dopo rata, senza colpo ferire... in modo da non sentire davvero il minimo dolore!

IN VACANZA

–Hai trovato posto per parcheggiare?

–Sì, per fortuna, ma è un po' distante da qui. Oggi è pieno d'auto, non so perchè.

–Siamo in estate già avviata ormai e i turisti cominciano ad arrivare, sommandosi ai locali vacanzieri.

–Già, non ci avevo pensato! Allora è per questo che c'è più movimento. Passi per il traffico e per il parcheggio, ma ho paura che l'orda di nuovi bagnanti, fra schiamazzi e tuffi in mare, spaventino e tengano alla larga i pesci.

–Penso che dovremmo cambiare attrezzatura e comprare una bella canna da lancio con mulinello, mandando l'esca al di là di quei nuotatori, in acque più tranquille, e risparmiando in questo modo pure la pastura.

–E così poi, ruotando il mulinello, rischieremmo di agganciare e pescare qualcuno di loro, invece del pesce.

–Non sarebbe male, io mi accontenterei di una bella sirena!

–Sei proprio un buongustaio, ma miri troppo in alto però! Accontentati di una donzella, di una mormora o di una perchia...

–Eh, sognare non costa niente. Ti prego però, non mi tarpare le ali, già mi viene la malinconia a guardare tutta questa gente che è venuta da noi a godersi le vacanze.

–Perchè poi? Che c'è di strano, perchè devi sentirti triste?

–Ma no, solo una punta di nostalgia, forse perchè mi sono tornate alla mente tutte quelle partenze che si facevano quando eravamo ragazzi, andando anche noi in vacanza.

Si partiva a qualsiasi ora, niente stress, arrabbiature da viaggio, e discussioni varie.

Niente bollettini metereologici sul caldo, diverbi per le variazioni climatiche, afa, effetto serra, anidride carbonica, buco dell'ozono, eccetera. Nel vocabolario di allora la parola "eco-ansia" era sconosciuta, proprio non esisteva...

–Veramente è un termine saltato fuori adesso. Dopo il terrore durante il covid e subito dopo lo spauracchio per la guerra in Ucraina, ora stanno cercando di spaventarci, ossessionandoci con la grave problematica legata alla crisi climatica globale e alla incombente minaccia di un disastro ambientale. Non si parla d'altro sui media e nei vari salotti televisivi, già rodati e abili nel fare operazioni di questo tipo.

–È vero, non danno quasi mai voce a chi ha un pensiero diverso. Ci sono difatti eminenti scienziati, come ultimamente Franco Prodi – fratello di quell'ex premier europeista, quello che ci "garantiva di lavorare un giorno in meno" grazie all'euro – il quale ha fatto imbufalire i vari "gretini" su energia e clima. Secondo il professore, al momento nessuno può valutare l'incidenza dell'elemento antropico nel cambiamento del clima, e pertanto nessuno può controllarla. Di certo però il riscaldamento del Pianeta non dipende al 98% da noi, come invece in tanti sostengono. Questa è una fesseria talmente diffusa, da diventare inarrestabile. Tra cinquant'anni di studi saremo forse in grado di stimare l'incidenza dell'opera umana sul clima, la cui variazione, per inciso, nessuno nega. Il cambiamento climatico c'è, ma è connaturato, non può non esserci, perché dipende dal sole, dipende da condizioni astronomiche, dall'aspetto gravitazionale degli altri pianeti, dipende dai componenti dell'atmosfera che possono essere naturali o prodotti dall'uomo. La stima da fare è davvero molto complessa.

–Si dà tanto credito alla Scienza, ma tutti questi studiosi, specialisti, esperti, come al solito dovrebbero mettersi d'accordo però, altrimenti si crea solo confusione non sapendo più cosa pensare. Intanto si genera una profonda sensazione di disagio e di paura al pensiero ricorrente di possibili disastri legati al riscaldamento globale e ai suoi effetti ambientali. In ambito psicologico, da qualche anno a questa parte si è iniziato a parlare quindi di "eco-ansia", per riferirsi a forme sub-cliniche di inquietudine, senso di colpa e depressione, suscitate dal pensiero del cambiamento climatico e di altre criticità ambientali.

–Comunque, riprendendo il discorso sui ricordi, al massimo a quei tempi, la sera prima della partenza, si ascoltava in tv il colonnello Bernacca che, pacioso com'era, relazionava con discrezione sul tempo del giorno dopo. E niente aria condizionata, clima bizona, navigatore, cellulare, palmare. Al massimo una semplice radio con due sole frequenze per ascoltare un po' di musica.

Le città si svuotavano e le vacanze le facevano più o meno tutti, chi partendo con l'auto e chi col treno. Avevamo solo l'indispensabile, eppure siamo felicemente sopravvissuti. Ci portavamo appresso solo una piccola, semplice cosa: la tranquillità che traspariva da ogni sorriso. E niente cinture di sicurezza. Le auto erano strapiene di pacchi e nessuno ti fermava.

Ce ne sarebbero di cose da scrivere su quegli anni: tutto ciò si chiamava "villeggiatura".

–La mia gioia non era partire, poiché vivevo e vivo tuttora già vicino a un luogo di vacanza. La gioia era sapere invece che sarebbero arrivati i miei zii e cugini a passare le vacanze da noi. La mia casa si riempiva di allegria, giochi, pranzi, giornate al mare e in campagna, chiacchierate e risate. Sono stati anni davvero irripetibili. Peccato che non torneranno più, ma per noi che li abbiamo vissuti sono ricordi indelebili che rimarranno per sempre nel nostro bagaglio di vita.

−Era tutto un altro modo di vivere, con genuità, spensieratezza, risate. In treno − per chi usava questo mezzo − si parlava con tutti e il viaggio era inebriante, avevamo poco ma tutto era buono; c'era l'amicizia, il sorriso, ed era bellissimo.

−Sì bei tempi! Li rivivrei con grande gioia, ma purtroppo tutto cambia, e muta anche il modo di vedere le cose e di viverle. Ci si divertiva con poco e bastava essere in compagnia per essere veramente felici. Oggi vogliamo fare troppe cose tutte in una volta, e il concetto del tempo pare sia cambiato, accelerato, e sembra non bastare mai, per questo ci si stressa di più. La vita di allora era semplicità e gioia; purtroppo adesso si hanno a disposizione solo pochi giorni, altro che un mese di vacanza. E sembra che quei giorni di libertà li si debba sfruttare al massimo: gite, visite, appuntamenti, la sveglia che suona alle 7:30 per avere tempo a far tutto... Uffà! Le vacanze ormai ti stressano molto piú che il lavoro!

−È pur vero che gli anni in cui si è giovani e belli sono sempre i migliori anni della nostra vita. Esistevano sicuramente dei problemi anche allora, primo fra tutti una disponibilità economica che non permetteva proprio a ognuno di andare in altre località per villeggiare. Io ad esempio, non sono mai andato in montagna, la mia famiglia non se lo poteva permettere, e ho conosciuto i paesaggi montani più tardi, unicamente grazie al servizio militare. Solo che nelle calde notti estive smaniavo e sognavo il mio mare, che avevo dovuto forzatamente abbandonare. Però questo mio stato d'animo non deriva solo da quella languida nostalgia per la perduta giovinezza.

Si era come i bambini che al mare sono sufficienti il secchiello e la paletta per divertirsi, poi una volta cresciuti si devono comunque accontentare, felici di quel poco, di quel niente, ma con una gran voglia di spaccare il mondo. Ci divertivamo tantissimo con poco, mentre adesso invece abbiamo tanto ed è come se non avessimo niente, a volte preda di un indefinito senso di vuoto esistenziale. Si viveva con la gioia nel cuore, avevamo più pazienza e voglia di stare insieme, di raccontarci tutto dal vivo. Oggi siamo spenti e l'unica cosa accesa è il telefonino su cui ci si affanna nei *social* a scorrere, con fretta compulsiva, immagini, *selfie*, aforismi per tutte le stagioni e argomentazioni, *post* perlopiù banali, perfettamente inutili e di nessun interesse personale. Se vogliamo possiamo tornare a vivere, ma ci vuole molta volontà e umanità.

–Anni indimenticabili, in cui nel gruppo di amici che frequentavo, comparve la prima auto, una piccola FIAT 500 di terza mano, acquistata dal più grande e fortunato di noi che, invece, continuavamo a muoverci con la bici o il motorino. A vederle adesso quelle minuscole macchinine, resto meravigliato per come abbiamo potuto all'epoca "viaggiare" qualche volta addirittura in sei, ammassati come sardine. Dal tettuccio apribile qualcuno cacciava fuori la testa per respirare il caldo scirocco estivo e, al ritorno dal mare, si faceva baldoria nella località balneare, stuzzicando di passaggio gruppetti di ciarliere e sorridenti ragazzine. Azionando la pompetta dell'acqua dei tergicristalli, con gli spruzzini esterni opportunamente orientati lateralmente, bagnavamo le loro schiene, sghignazzando allegramente!

Eravamo un bel gruppo di amici e, soprattutto nel fine settimana, ma in piena stagione estiva anche nei giorni feriali, ci recavamo in una rinomata località turistica, con una spettacolare baia affollatissima di ombrelloni... e di tante belle ragazze che cercavamo di blandire, o direttamente in acqua o vicino al juke-box del bar, che inondava tutt'intorno di musica a volume altissimo

116

l'enorme pineta. Aspettavamo le graziose villeggianti per cercare di accaparrarci la più bella (a me non è mai capitato).

Tornare indietro solo per un giorno, sarebbe meraviglioso... anche perchè lasciai quella volta qualcosa in sospeso con una gentile donzella, una cascata di biondi e dorati capelli, che mi fissò un romantico e intrigante incontro per quella sera, ma credo che soffrisse di amnesia precoce, in quanto poi se ne dimenticò del tutto!

–Ti diede buca, insomma!

–Non lo so, ma il buco nei miei ricordi è rimasto di sicuro. La mia vita è stata una rete di piccoli, invisibili appuntamenti, e da allora ho capito che gli incontri che ti cambiano l'esistenza sono invece quelli senza appuntamento. "Un modo infallibile per non farsi dimenticare è mancare a un appuntamento", mi mandò a dire successivamente con una sua amica, ma io non l'ho più cercata... sono fatto così.

–In effetti però non l'hai dimenticata.

–Esiste un deposito dove vengono raccolte tutte le occasioni perse e gli appuntamenti mancati ed io ogni tanto vado là a recuperarne qualcuno.

–Insomma, avevi un appuntamento col destino ma non si è presentato!

–Proprio così, ho avuto tante delusioni nella vita, ma un po' è stata anche colpa mia. Una volta ho accettato un appuntamento al buio con una donna spigolosa: ho ancora tutti i lividi.

Devo dire però che non sempre è andata così male. Proprio stamattina, non lo dico per vantarmi, ma la segretaria dello studio dentistico mi ha appena dato un appuntamento.

–Eh, ma questo secondo me sembra più un abboccamento!

–Giuro, è una donna meravigliosa; ogni volta che vado rimango a bocca aperta.

Adesso scappo, però: devo farmi bello perchè ho un appuntamento a cena con una carbonara.

Ciao e alla prossima!

–Le qualità divine che sono in me si inchinano alle qualità divine che sono in te. Buon pomeriggio Franco, *namastè*!
–*Namastè*, Sergio. Oggi ti vedo particolarmente ispirato!
–In questa settimana ho avuto modo di fare una serie di riflessioni da un punto di vista spirituale, interiore. Questo non è certamente un periodo facile, e più andiamo avanti e meno lo è. Vediamo le tante contraddizioni del mondo e ci chiediamo qual'è la giusta posizione da assumere.
Non lo so, Franco, se conosci quel mistico, nonchè ricercatore, filosofo, insegnante di balli, musicista, eccetera, del secolo scorso, di nome Gurdjieff.
–Ne ho solo sentito parlare, in quanto era accostato a Battiato e alla sua giovanile ricerca spirituale.
–Dopo una giovinezza passata viaggiando e studiando culture diverse allora sconosciute, Gurdjieff si dedicò interamente al lavoro sulla consapevolezza, intesa come mezzo per svegliare l'uomo dagli automatismi quotidiani, dai condizionamenti difficili da superare perchè molto forti e subdoli, permettendogli di far riemergere in lui potenzialità latenti. Lo scopo dell'esistenza, secondo questo grande mistico e filosofo, sarebbe quello di rompere quei meccanismi interni a noi, dettati dalla pigrizia, dalla paura, da cose che ci rendono del tutto simili alle bestie o a coloro che vivono costantemente senza essere presenti a se stessi. Secondo il suo pensiero ci sono tre vie ordinarie per la reale evoluzione spirituale: quella che usa il proprio corpo fisico, centro istintivo motorio per il raggiungimento della volontà; la seconda che si riferisce alla realizzazione di stati superiori di coscienza, attraverso la fede mediata dal centro

emozionale; la terza di carattere intellettuale, con cui egli giunge alla padronanza di sé, attraverso la conoscenza. Ci sarebbe poi una "Quarta Via", indicata dal suo allievo Ouspensky nel libro "*Frammenti di un insegnamento sconosciuto*", ed è il cammino della trasformazione interiore, che non richiede l'isolamento dalle condizioni della vita ordinaria. E' un insegnamento di saggezza pratica che si applica nel momento presente della nostra esistenza quotidiana. Questa quarta via lavora sui tre centri principali, mentale, emotivo e motorio, e si può seguire senza abbandonare la vita che si sta conducendo, in quanto lo sviluppo della persona deve cominciare dall'ambiente dove vive, incrementando un centro d'attrazione che porti a compiere il suo individuale cammino.

Quando in qualche modo ci rendiamo conto dei condizionamenti e riusciamo a liberarcene, assumiamo una personalità, una dignità, un aspetto, che il mondo considera, purtroppo, come «idiota». Un libro che parlava della "Quarta via" si chiamava, appunto, «*Idioti a Parigi*», perchè fu lì che Gurdjieff fondò una scuola per l'accrescimento spirituale, chiamata "Istituto per lo sviluppo armonico dell'uomo", attirando un consistente numero di allievi e discepoli, tra i quali vi erano anche molte persone di un certo livello sociale.

–Ricordo di aver visto un'intervista di Franco Battiato, in cui raccontava della sua partenza dal paese natìo, in Sicilia, per recarsi a Milano in cerca di orizzonti di vita più ampi ed efficaci per il suo percorso esistenziale. Intraprese il viaggio in treno con la classica valigetta di cartone, la chitarra e il libro di cui hai accennato prima: "*Frammenti di un insegnamento sconosciuto*". Riferimenti che poi abbiamo trovato disseminati, in forma criptica, in tante sue canzoni, con testi solo apparentemente leggeri e popolari.

–Questi "idioti" di cui parlavo, s'incontravano, organizzando una serie di lavori su se stessi, danze molto difficili, momenti di grande presenza spirituale, ma anche cose giocose ed ermetiche. Sai che la mitologia ellenica ha tanto da insegnarci, e il dio greco Ermes ha questa grande componente "giocosa"; è un bimbo, anche se scapestrato e molto ambiguo, che però piace tanto a Zeus, il quale gli dà anche l'importante compito di condurre le anime sulla terra e di riportarle via. È quindi una divinità tra le più considerevoli, quella che io, personalmente, amo di più della mitologia classica, e che ama di più anche la "Psicanalisi junghiana".

Quando noi diventiamo "idioti", ritorniamo quindi bambini, siamo considerati stupidi per il mondo... folli! Solo così però arriviamo a parlare con l'autenticità della nostra anima. Non è possibile fingere di essere idioti, bisogna diventarlo veramente, soprattutto perchè questo che stiamo vivendo è un momento storico difficile, pericoloso per la verità e per la sorte dell'umanità. Siamo veramente a una svolta epocale e quindi non possiamo permetterci di non essere idioti, perchè saranno proprio costoro a potersi salvare.

–Quindi tu sei dunque ben contento di essere considerato così dalla grande massa di persone: ti piace essere discorde e contraddittorio. Mi sembra di aver capito che solo in tal modo tu ti senta libero.

–Sì, esattamente. Libero da quelle mie parti interiori che lottano costantemente contro di me. Per la prima volta nella storia moderna ci troviamo davanti ad un momento che reputo forse il più difficile.

–Beh, bisognerebbe però considerare il nazismo di Hitler, il comunismo sovietico di Stalin, il fascismo nostrano, e tante altre calamità.

–Capisco che può sembrarti strano ciò che ho detto, ma il periodo che stiamo attraversando è particolarmente insidioso, perchè è subdolo.

–Subdolo?

–Proprio così, e sai perchè? Perchè hanno seminato il pericolo e la paura dentro ciascuno di noi, e lo hanno fatto con grande protervia, arroganza e sfrontatezza. Il neo-liberismo oramai è entrato dovunque. È entrato anche in chiesa, è entrato tra gli amici; le persone vengono considerate alla stregua di oggetti, di elettrodomestici, di macchine... anzi queste vengono trattate sicuramente meglio, alla luce delle rate ancora da pagare. Questo neo-liberismo ha fagocitato tutto e ha esteso le sue ali pure sulla salute dell'uomo e sulle terapie mediche. Altrimenti perchè occultare e silenziare rimedi semplici, naturali ed efficaci, a scapito di pratiche più dispendiose (per il malcapitato) ma con importanti, pericolosi e multiformi effetti avversi? Che bello creare tutto quel bel teatrino di patologie, esami, costosi trattamenti solo sintomatici, di cui quasi ci si innamora, e ci si riempie la bocca... Si dovrebbe lavorare invece con la verità che sgorga dal cuore, e poi magari curare e dare una mano con una giusta e sperimentata terapia... considerando che poi a volte, come si sa, certi processi degenerativi difficilmente prendono il treno di ritorno.

Per le patologie di questi ultimi tempi, avremmo bisogno tantissimo di sostanze antiossidanti; il nostro fegato, ad esempio, ha enorme necessità di glutatione... eppure pensa che un banalissimo farmaco da banco che viene prescritto ogni volta che ci sono faringiti o tosse catarrale – con la necessità quindi di far fluidificare il muco – contiene "acetil-cisteina" che è il più potente precursore del "glutatione", uno dei più importanti antiossidanti! Stranamente però questa comune sostanza non viene enfatizzata in questo periodo, perchè "il fine giustifica i mezzi", e quindi non sia mai che qualcuno riesca a trovare una scorciatoia, una modalità di sopravvivenza alternativa... perchè se lo fa è un « idiota».

–Probabilmente, come dici tu Sergio, dovremmo cominciare allora a pensare che essere idioti, per il mondo – almeno fintanto che questo mondo non necessiterà di una trasformazione radicale, che probabilmente è già alle porte – beh, forse, è la posizione più intelligente!

–Bravo Franco, hai detto bene, è così!

Se non l'hai mai fatto, prova a leggere "L'idiota" di Dostoevskij, e vedrai come questo grandissimo scrittore russo, come pure altri illustri autori del passato, avessero già colto la bellezza di alcune posizioni mentali, emozionali, di comportamento, che hanno il grande pregio di portare con sè la forza della verità. Quindi, prima di prendere posizione nel mondo tra quelli sicuri di sapere chi sono, e che riescono a discernere e classificare i buoni e i cattivi, dovremmo lavorare su noi stessi, entrando nel buio, calandoci nel silenzio, perchè è da lì che arriva il suggerimento migliore. Bisogna capire che non ci saranno vinti nè vincitori fintanto che ci saranno guerre. Nelle guerre perdono davvero tutti.

–Come risuonano profondamente vere le tue parole! Quello che hai detto mi trasmette la sensazione che è così anche per me che sto cercando di diventare consapevole, nonostante tanti stimoli mi portino a soccombere alla dualita' del buono e del cattivo, e alle emozioni tossiche.

In questo periodo più che mai, coloro che con forza d'animo perseguono la verità, andando contro corrente come i salmoni, o in direzione ostinata e contraria come diceva De Andrè, proseguendo con fatica sulla retta via, cercando di non sbandare per le tante avversità... in questa maniera vengono additati come sciocchi, deboli, e allontanati e isolati, invece di essere ascoltati, sostenuti e incoraggiati.

–Il protagonista del romanzo di Dostoevskij è l'ultimo erede di una grande famiglia decaduta. Egli è un uomo spiritualmente elevato, in cui la generosità d'animo e la fede nella bontà del prossimo si accompagnano a una fondamentale inesperienza di vita, dando così luogo a una debolezza della volontà. È un uomo puro, «assolutamente buono», animato da sentimenti superiori di amore e compassione, incapace di mentire, ed è quindi una creatura spiritualmente superiore, la cui «idiozia» consiste in una generale mancanza di volontà e in una fede incondizionata verso gli altri. È un idiota nel senso che è affetto da idiotismo: in pratica un portatore di valori che non sono certamente attuabili nel mondo. La sua virtù e i suoi discorsi appaiono dunque ridicoli, proprio in quanto "belli" e "santi".

Nell'epoca in cui tutto va veloce, in cui ciascuno di noi è impegnato nella ricerca del proprio benessere e si cura poco di chi e cosa lo circonda, questo capolavoro dell'autore russo potrebbe insegnarci molto. Il protagonista, il principe Myskin, è colui che pronuncia la celebre, meravigliosa frase *"La bellezza salverà il mondo"*.

–Fammi capire ancora meglio però: perché il titolo dell'opera di Dostoevskij è "L'idiota"? E perché il principe Myskin è ritenuto proprio un idiota?

–La colpa è della società, che non è pronta ad accogliere la bellezza del personaggio, così non lo comprende e lo deride. Ma forse Myskin è davvero un idiota di suo, perché non si rende conto che la sua condotta, estremamente votata al bene, non lo conduce che alla sofferenza e all'isolamento. Quanto è vero che un barlume di bellezza in questa terra martoriata dal male, dalla violenza, dalle pandemie – vere, inventate o procurate che siano – dalle guerre e dall'egoismo, può portare uno spiraglio di luce contagiosa!

Le relazioni paradossali che si intrecciano nel romanzo costituiscono uno spettacolare affresco della complessità e incongruenza dei comportamenti umani.

–Dunque credo proprio, caro Sergio, che quello che hai descritto su quest'opera immortale, è sufficientemente riscontrabile nella società attuale. Hanno fatto di tutto per metterci l'uno contro l'altro ed è stata una macchinazione ben riuscita. Finché il popolo è impegnato nella "guerra tra poveri", finchè attueranno l'antico ma efficace "*Dividi et impera*", "loro" possono stare tranquilli ed agire, passo dopo passo, praticamente indisturbati. Se chi ci governa stesse dalla parte della verità, la vita e il mondo sarebbero migliori.

Ci stiamo indebitando con della carta straccia senza alcun valore – visto che non ha dietro nessun corrispettivo in riserva aurea – col rischio fondato di restituire tutto in case, terreni, risparmi e lavoro a vita in sudditanza. Ci stanno uccidendo con magie, privatizzano l'acqua, ci avvelenano l'aria, allagano – anche se in forma indiretta – i paesi e le città, per ridurci alla fame.

–Non sono loro, siamo noi che ci facciamo manipolare, ognuno per i propri interessi.

–Hanno capito e tirato fuori quello che realmente siamo! Altrimenti non ci saremmo mai ridotti in questo stato. Ti ricordi nei "Promessi Sposi" come si comportavano i capponi di Renzo Tramaglino? Siamo esattamente così, proprio come quei polli!

Si leggono ormai ogni giorno notizie e faccende strane, riportate con ossessiva naturalezza e noncuranza dai nostri bravi giornalisti, la cui metamorfosi li ha trasformati ormai da cani da guardia del potere a cani di compagnia o da riporto...

–Io direi, più esattamente, solo cani.

–Mah, forse sei irriguardoso verso questi poveri animalucci o comunque troppo ingeneroso e caustico; c'è ancora, fortunatamente, qualche giornalista libero. Fatto sta che io non ho nessuna intenzione di nutrirmi di larve e farine di insetti (mentre "loro" pasteggiano con aragoste e caviale). Non voglio l'auto elettrica. Non mi serve il *5G*. Non voglio rinunciare al denaro contante. Sono contrario all'identità digitale, al *microchip* sotto pelle. Non mi piace l'emergenza come arte di governo... mi piace invece la TV spenta, come arte di difesa. Ultimamente poi non c'è occasione in cui non si parli di grave cambiamento climatico. Possibile che dobbiamo trascorrere la nostra esistenza passando da un'emergenza all'altra? Non imbroccano neanche una previsione del tempo a due giorni di distanza, e ci dicono ciò che succederà al pianeta Terra fra cent'anni?... Se la smettessero anche di avvelenarmi dal cielo, sarebbe senz'altro una cosa bellissima.

–Veramente dovrebbero anche smetterla di ridurre e banalizzare il mio naturale "spirito critico" con un termine gratuito, scialbo e fuori luogo, quale quello di "complottismo". Il pensiero critico è l'attitudine ad una posizione riflessiva nei confronti di ciò che succede, leggiamo e ascoltiamo (dalle persone, dalla TV, dalla radio, dai giornali, da internet, eccetera). Invece quando qualcuno prova a coltivare il dubbio e lo spirito critico – come ci viene giustamente suggerito e insegnato anche dalla Filosofia – costui viene puntualmente silenziato come "complottista".

Ricordo ciò che diceva il grande Fabrizio De Andrè: «*Per me, una persona eccezionale è quella che si interroga sempre, laddove gli altri vanno avanti come pecore*».

–In pratica, volendo sintetizzare, siamo ormai arrivati al punto che:
Mandare armi è pace; non avere mai dubbi è cultura; farsi schedare è libertà; fare propaganda a senso unico è informazione!
Per tre lunghi anni ci hanno catechizzato che, per la vita, bisognava essere pronti a rinunciare alla libertà. Ora ci dicono che, per la libertà, bisogna essere pronti a rinunciare alla vita.
Il problema non sono quelli che ci prendono in giro: siamo noi che accettiamo di essere presi in giro!

Amico mio, credo a questo punto che sia meglio smetterla e cambiare argomento, perchè nel fare certe riflessioni l'umore è diventato proprio nero.
Parlando di cose gravi che mi assorbono così tanto, divento anche duro e petulante, parlo quasi senza prender fiato, e a detta di chi mi ascolta faccio venire pure il mal di testa.
–Non ti preoccupare, a me non è venuta nessuna emicrania... e spero neanche a chi sta leggendo adesso queste sgangherate riflessioni.
–Alleggeriamoci allora lo spirito con un bel bicchiere di fresco e vivace *Verdeca*... offro io!
–Grazie Franco, *Namastè*!
–*Namastè*, Sergio e... *Prosit*!

I TEMPLARI

–Dimmi un po' Sergio, che ci fai qui in via Templari? Hai per caso intenzione di fare acquisti alla cara vecchia *Upim*?... Ricordi?... "Unione Per Imbrogliare Meglio" dicevamo scherzosamente quando eravamo ragazzi e bighellonavamo in quello che, insieme alla *Standa*, erano gli unici grandi magazzini della città.

–Ero anch'io affezionato a questo supermercato, e ogni volta che passo da qui mi riaffiorano alla mente tanti ricordi. Oltre all'abbigliamento e ai "casalinghi", ho comprato proprio qui i miei primi vinili e, nei giorni in cui non si entrava a scuola per via dei tanti scioperi indetti per i più svariati motivi – ma sostanzialmente per fare un po' di festa – una visita a questi due magazzini era d'obbligo, come pure quella ai giardinetti pubblici, poco distanti da qui. Era anche l'occasione per fare un po' i vitelloni con le giovani commesse di allora che, in gran parte, erano bendisposte e compiacenti verso di noi giovani scavezzacolli.

«... *E l'ore, l'ore non passavan mai*», recitava una vecchia poesia di Marino Moretti, riferita però ai sensi di colpa di un fanciullo che aveva preso il vizio di marinare la scuola. Noi eravamo invece giovani ruspanti sbruffoncelli che avevano le idee chiare e ben preciso il modo per far passare quelle mattinate di procurata e più o meno giustificata libertà.

–Noto che, appena ti si dà una pur minima occasione, cominci a fantasticare e ad attingere ai ricordi di tutta una vita...

–E che ci posso fare, caro mio! Vuol dire che la vita l'ho vissuta appieno, gustandone ogni momento, anche quelli apparentemente più insignificanti, ma non per questo meno apprezzabili e degni di nota. Anzi, non so perchè, ma sono proprio i momenti poco significativi che testardamente affollano in maggior numero il cassetto dei ricordi.

–Qualcosa però avrai pur rimosso da quel cassetto. Ci saranno stati come in tutti noi, penso, dei momenti negativi, occultati e riposti nel calderone dell'inconscio.

–Certamente sì, ma non so quanti e quali. Sarei un incosciente a forzare il mio cosciente perchè circuisca l'inconscio a restituire coscientemente certi ricordi che in tutta coscienza è meglio che se ne stiano lì dove sono...! La mia psiche non è per nulla una ZTL con tanto di telecamere e divieti vari! Non è possibile entrarvi e uscirvi liberamente, anche perchè c'è quel Caronte/Super-io che è peggio della peggior vigilessa della locale Polizia Municipale! Comunque qualcosa ogni tanto trapela, trasmutata in forma onirica, ma ho una certa difficoltà a interpretarne il contenuto. Se almeno lo traducessi in numeri... potrei pure trarne concreto profitto!

–Non è certamente semplice trasporre i sogni in numeri... e poi dovresti trovare anche la ruota giusta su cui giocarli.

–Potrei sempre tentare su tutte le ruote... Adesso però mettiamo da parte questi discorsi oziosi; stavo andando a fare delle foto qui al centro, passando naturalmente per la bellissima, meravigliosa Basilica di Santa Croce, prestigioso gioiello del barocco leccese. Si deve ai monaci Celestini, i quali, al loro arrivo in città nel XIV secolo, costruirono la suddetta Chiesa per ospitare le reliquie della vera Croce, nei pressi del Castello di Lecce. L'antica costruzione fu poi abbattuta durante i lavori di ingrandimento del castello, voluti da Carlo V alla metà del Cinquecento. L'attuale struttura fu edificata tra il 1549 e il 1646 nell'antico quartiere di San Martino, che in età medievale ospitava la Giudecca ebraica, fino all'espulsione degli Ebrei dal Regno di Napoli. Per rendere disponibile il terreno su cui sarebbe sorta la Basilica vennero confiscate case e proprietà appartenenti agli ebrei, che vennero cacciati dalla città nel 1510, così come avvenne in molti altri comuni del Salento in cui si erano insediati numerosi.

Contribuirono alla costruzione e decorazione della chiesa i più importanti scultori e architetti del Rinascimento e del Barocco leccese, tra cui Gabriele Riccardi, Cesare Penna e Francesco Antonio Zimbalo. Al Penna è dovuta la costruzione della parte superiore della facciata e dello stupendo rosone (vicino al quale è scolpita la data 1646), al secondo va probabilmente attribuito l'imponente sommità della struttura.

–A proposito di storia antica, trovandoci a percorrere questa breve viuzza che collega la grande piazza centrale alla basilica, mi viene da riflettere sul nome dato: *via Templari*. Erano chiaramente gli antichi e leggendari, ancorchè oscuri, cavalieri costituitisi ai tempi delle crociate per difendere la Terra Santa dal predominio della religione islamica.

–Certo! Devi considerare che il nostro Salento, terra del Sud, è stato culla e crocevia di popolazioni che lo hanno attraversato e vissuto, ed è stato anche meta d'approdo dei *Cavalieri Templari*, in quel tempo ormai così lontano da sembrare una fantastica leggenda.

Ci sembra oggi insolito e singolare pensare al paesaggio salentino come a una distesa verde attraversata da quei monaci-guerrieri, coperti da pesanti armature, che andavano al galoppo su cavalli dalla corporatura imponente e anch'essi pesantemente bardati.

Eppure, i Templari hanno attraversato il nostro territorio intorno alla metà del XII secolo, lasciando le proprie tracce a Lecce, Otranto, ma anche in altre località della nostra provincia. Oltre alla Terra Santa, avevano la missione di proteggere tutti quei pellegrini che si dirigevano verso di essa, attraversando l'Europa. In particolare, i Templari si concentrarono sull'Italia, sia per la presenza del Papa, sia perché alcune delle principali vie di pellegrinaggio conducevano direttamente a Gerusalemme.

Coloro che decidevano di entrare a far parte dell'Ordine, accettavano di diventare monaci-soldato, giurando povertà ed estrema fedeltà a Cristo. Per diventare cavalieri non dovevano avere alcun tipo di legame con persone o cose e, infatti, consegnavano all'Ordine ogni eventuale bene materiale da essi posseduto, affinché potesse essere utilizzato in seguito per sostenere le spese di sostentamento comune o per i lunghi viaggi.

Quello dei Templari non era l'unico ordine influente, poiché in quegli anni ne nacquero molti altri su iniziativa di religiosi e laici, che utilizzavano le armi per difendere la religione cristiana e i suoi pellegrini. La posizione geografica del Salento rappresentava un importante punto di snodo da cui poter raggiungere, con facilità, la Terra Santa. Risultava infatti semplice imbarcarsi per i luoghi santi, data la presenza del mare, e tutto questo contesto aveva portato numerose ricchezze nel territorio salentino. Dalla forte affluenza di pellegrini, eserciti e mercanti d'ogni tipo, erano scaturiti importanti traffici commerciali, ma anche l'introduzione di nuovi cibi che fino ad allora erano totalmente sconosciuti. Alcuni alberi da frutto – albicocche in particolare – furono portati sulle coste ioniche, grazie ai Templari; erano frutti gustosi e frescchi e furono molto apprezzati dai contadini del posto, i quali li coltivarono per lungo tempo.

Questi cavalieri non si accontentarono però di attraversare semplicemente da viandanti la nostra terra, ma lasciarono tracce come testimonianza del loro insediamento nel Salento. Uno dei loro siti è appunto lungo la via che unisce Piazza S. Oronzo alla Basilica di Santa Croce.

In questa strada, detta proprio "Via dei Templari", si trova la Chiesa di Santa Maria del Tempio. Anche in alcune zone rurali della nostra provincia sono stati individuati insediamenti risalenti a quest'ordine monacale.

Tra le campagne di Maglie, infatti, si può ammirare la Masseria di San Sidero, un possedimento templare intitolato a S. Isidoro. In queste costruzioni sono raffigurati, sulle pareti interne, numerosi simboli templari molto affascinanti. Uno di questi è il Giglio a tre petali, ma anche scudi e croci patriarcali.

Quest'aspetto storico della penisola salentina è quasi sconosciuto e degno di approfondimenti; possiamo senz'altro affermare che il nostro è un territorio di sorprese, nascoste fra la terra e il mare.

–Oltre al giglio con tre petali, quali sono gli altri segni che testimoniano la presenza di questi cavalieri?

–Un altro è la croce con le due estremità che si appuntiscono. Questo disegno si trova anche sul pavimento situato sotto l'altare maggiore all'interno della basilica di Santa Croce. Nella casa-museo Faggiano, realizzato in una torretta di guardia, c'è un enigmatico affresco che raffigura sia il Tempio che il Nodo di Salomone. Questa dimora conserva anche altri elementi interessanti come il cosiddetto "Fiore della vita", sicuro simbolo templare, ma soprattutto un'incisione che riporta in latino un famoso motto di questi Cavalieri, che diceva: «Se Dio è con noi, chi è contro di noi?». È probabile, dunque, che proprio questa casa fosse la residenza dei Templari a Lecce. Molto probabilmente da noi il quartiere generale dei Templari fu nella zona di Porta San Biagio, e pare ci sia stata una loro frequentazione anche all'interno dell'antica ma poco nota chiesetta della Madonna degli Studenti, frequentata anche dalla principessa Maria D'Enghien. Oltre alla particolare croce, segni templari erano pure la scacchiera, la croce con due calici ai lati, due cavalieri in groppa ad un unico cavallo ed altri.

In epoche successive per ampliamenti urbani molte chiese furono distrutte. Emblematico è il caso della chiesa di Santa Maria del Tempio a Lecce, che fu abbattuta per costruire proprio il palazzo della nostra "cara" *Upim*. Si pensa addirittura che a un certo punto ci fu chi decise di cancellare dalla storia la presenza templare, un Ordine che negli anni era diventato una potenza economica molto forte, inimicandosi tra l'altro vari re, tra cui Filippo il Bello di Francia. Questi, trovandosi in gravi difficoltà finanziarie a causa delle guerre intraprese, si impossessò di parte del loro tesoro. Per i Templari si parla spesso infatti di *damnatio memori*ae: la condanna della memoria.

I "Giovanniti" sono un altro ordine che ebbe scopi simili a quelli dei Templari. Essi rappresentavano l'Ordine di San Giovanni, nato ancor prima di questi ultimi per fornire assistenza ai pellegrini e ai malati. Quando ai primi del 1300 i Templari furono soppressi perché dichiarati artatamente eretici, i loro beni passarono a questi. L'Ordine oggi è ancora attivo e riconosciuto dalla Chiesa come "I *Cavalieri di Malta*".

–Sì, lo conosco bene. È il più antico ordine religioso-cavalleresco, nato in epoca pre-crociata, ed è l'unico che – a differenza dei Templari – è arrivato vivo e vegeto sino ai giorni nostri.

–Ai Cavalieri Templari è stata sempre legata la leggenda del *Santo Graal*, la coppa che avrebbe contenuto il sangue di Cristo, versato sulla croce. Proprio per questo la loro

135

figura è sempre stata pervasa da un alone di segretezza e mistero. Questo fatto, oltre alla rapidità con cui tale Ordine scomparve nel giro di pochi anni, hanno prodotto numerose leggende su di esso, che vanno dai collegamenti con il Santo Graal alle presunte associazioni con la Massoneria. Le speculazioni sul conto di questi monaci-guerrieri hanno in tempi più recenti subìto un grande balzo di popolarità, dovuto in parte al successo di film, oltre che di libri, che mescolano dati storici con interpretazioni di fantasia. Il romanzo bestseller "*Il codice da Vinci*" ne è un tipico esempio, nato dalla fertile (e furba) mente dello scrittore Dan Brown.

–È vero. Ho visto all'epoca della sua uscita il film, e più tardi ho letto anche il libro. È stato un successo mondiale che ha aperto numerose discussioni sui fatti narrati e le intriganti interpretazioni e supposizioni ideate dallo scrittore americano. Però, comunque lo si voglia giudicare, è un thriller storico-religioso appassionante e coinvolgente.

–Ma ritornando alla nostra splendida Basilica di Santa Croce, è indubbio che molti simboli scolpiti su di essa siano gli stessi di tanti movimenti e dottrine iniziatiche.

Sull'architrave della basilica due angeli sostengono un compasso ed una squadra, chiari simboli massonici; vi si trova scolpita anche la melagrana, che nell'organizzazione massonica rappresenta la fertilità ma anche l'unità, in una loggia; il profilo nel bassorilievo a sinistra del rosone potrebbe rappresentare il *Baphomet*, di chiara ispirazione templare.

–Cos'è questo simbolo, Sergio?

–È un idolo pagano, della cui venerazione furono accusati proprio i cavalieri templari. Ai tempi della soppressione dell'ordine, la *Santa Inquisizione* sostenne che i cavalieri usassero un *Bafometto* come parte delle loro cerimonie di iniziazione esoterica. Questa accusa, oltre ad altre artefatte e spudorate testimonianze, fece sì che il loro Ordine religioso venisse accusato di eresia e idolatria e i suoi membri perseguitati e crudelmente giustiziati. Tra i tanti riferimenti esoterici, non sfuggono neppure Sant'Irene con il pellicano, Athanor e i simboli alchemici, oppure l'ubicazione del campanile che si trova proprio al centro esatto di un triangolo formato dalle tre Chiese esoteriche di Lecce: San Giovanni, San Matteo e, appunto, la Basilica di Santa Croce.

Tutti questi riferimenti hanno dato vita a insinuazioni, maldicenze e superstizioni che, nel corso del tempo, hanno permeato Santa Croce di mistero, rendendola preziosa e singolare nel suo genere.

−Tutto interessante ciò che mi hai descritto. Mi potresti però dire qualcosa in più sui Cavalieri Templari? Non so perchè, ma la loro storia mi ha sempre intrigato, per via forse della spasmodica e leggendaria ricerca del Santo Graal.

−Come abbiamo già detto, quest'ordine cavalleresco-religioso fu costituito per proteggere il luogo in cui si diceva sorgesse anticamente il tempio di Salomone e chiunque si recasse in pellegrinaggio in Terrasanta. Col passare dei decenni essi divennero sempre più ricchi e potenti, finché, perduta la sovranità di Gerusalemme da parte degli stati cristiani, venne meno la loro funzione. Leggendaria è la loro ricerca del Santo Graal che, secondo certa tradizione, era la coppa in cui bevve Gesù durante l'ultima Cena, e nella quale, dopo la crocifissione, Giuseppe di Arimatea raccolse il suo sangue. Secondo una certa narrazione pare che esso sarebbe stato trovato da questi cavalieri e portato in Scozia nel 1307 (anno in cui i membri dell'Ordine vennero accusati di eresia); tuttora si troverebbe sepolto nella Cappella di Rosslyn. Altre leggende raccontano invece che i Templari lo portarono in Spagna o in Italia. Ci sono tuttavia anche alcune teorie che cambiano persino il significato della parola, dividendola in due, e cioè *San Greal*, o *Sang Real*, ovvero Sangue Reale. I sostenitori di questa tesi dicono pure che Gesù Cristo ebbe dei figli da Maria Maddalena. La dinastia che ne seguì acquisì il nome di "Sangue Regale", e secondo loro continuerebbe tutt'oggi. Non c'è dubbio che il *Graal* è qualcosa di ambiguo e sfuggente e prenderà, nella mente delle persone, sempre nuove forme. Ogni teoria su di esso ha i suoi meriti e i suoi problemi, forse in qualche modo sono tutte vere o forse no... chi lo sa?

–Presumo allora che sia impossibile pensare ad una risposta a questo interrogativo; i documenti del tempo, a cui fanno riferimento tanti autori e ricercatori storici, sono probabilmente introvabili. Molti scrittori hanno dichiarato di essersi ispirati ad una fonte per parlare del *Graal*, ma nessuno ne ha mai mostrate.

–Dopo mille anni, il mistero ancora avvolge la storia di questi "soldati di Cristo". Oltre a combattere in Terrasanta in difesa dei territori conquistati dai Cristiani, diventarono anche qualcosa di più, perchè in realtà l'idea di avere un simile Ordine piaceva molto, essendo in linea con lo spirito del tempo. Il popolo cristiano era felice di aiutare, anche con cospicue donazioni, questi uomini che avevano fatto voto di aiutare e difendere Gerusalemme, sacrificando la loro vita. Probabilmente però, la loro improvvisa caduta fu dettata non solo dalle problematiche finanziarie del re di Francia Filippo il Bello, ma anche dall'eccessivo potere assunto dal papa, che cozzava contro quello temporale dei vari regnanti europei, i quali cambiarono atteggiamento e fecero di tutto per arginare l'invadenza papale. In tutta questa diatriba ne fecero le spese i Cavalieri Templari che furono spogliati dei loro beni, processati e giustiziati con le accuse più disparate e miserabili, compresa quella dell'eresia.

Tu mi dirai adesso, caro Franco, com'è che sono così documentato su questi storici avvenimenti accaduti in quel lontano periodo che fu il "Basso Medioevo"?

Certamente perchè la storia antica mi affascina, tanto più quando mi si svela davanti agli occhi attraverso segni tangibili, come ciò che abbiamo visto in questo tratto della nostra città. Se poi aggiungo la lettura di qualche libro e soprattutto i video pubblicati su *Youtube* da parte dello storico Alessandro Barbero... il gioco è fatto.

La verità è che mi piacciono quelle atmosfere medievali descritte e riprodotte anche nei film tipo "Il nome della rosa", "Il codice Da Vinci", "Il mistero dei Templari", "Le Crociate" e altri.

–Hai ragione. Anche per me hanno un non so che di misterioso fascino. È tutto molto interessante ciò che hai detto. Io tra l'altro non avevo mai considerato il fatto che le crociate le valutiamo sempre dal nostro punto di vista di "perdenti". Sarei curioso di sapere come le insegnano nel Medio Oriente! D'altronde questo è vero per tutto: la fantastica conquista del *Far West* americano, tanto per fare un esempio, non è altro che un crudele genocidio; i nativi americani dubito che celebrino lo spirito di conquista degli uomini bianchi…

–Proseguendo nel mio discorso, frutto di apposite letture, aggiungo che i Templari scampati all'eccidio perchè perseguitati da Filippo il Bello, partirono verso una destinazione ignota con diciotto navi, dividendosi in due gruppi. Una parte puntò a sud – destinazione Portogallo – l'altra a nord – destinazione Scozia. Qui i Cavalieri trovarono ospitalità presso la potente famiglia del principe Henry Sinclair e rimasero in quelle terre per quasi cento anni. Nel 1390 un navigatore italiano, di nome Antonio

Zeno, decise di fare un viaggio lungo e pericoloso, partendo da Venezia in cerca di avventura e fortuna. Facendo tappa a Brindisi, ripartì per il Mediterraneo e costeggiò poi il Portogallo. Risalendo l'Atlantico e raggiungendo il porto di La Rochelle, in Francia, che aveva visto i Templari protagonisti della fuga, come questi passò successivamente in Inghilterra. La nave dello Zeno, proseguendo, fece naufragio presso le isole Orcadi, in Scozia, e mentre stava per essere assalita, intervenne provvidenzialmente il principe Sinclair che conosceva i pirati ed era molto vicino ai Templari. I due si conobbero e fecero amicizia; da quel momento la loro storia cambiò decisamente. Fu così che il principe Henry Sinclair, Antonio Zeno, e i Cavalieri Templari, concepirono un viaggio segreto verso l'America, cento anni prima di Cristoforo Colombo. Il principe aveva i mezzi finanziari e una piccola flotta di navi, lo Zeno aveva capacità ed era un esperto navigatore. Entrambi poi avevano partecipato alle crociate e potevano così mettere insieme queste loro qualità e competenze per uno stimolante progetto: trovare un nuovo nascondiglio per il tesoro dei Templari. I fratelli Nicolò e Antonio Zeno partirono, avendo come base le isole Orcadi, per l'esplorazione dell'Islanda e della Groenlandia, realizzando in tal modo una mappa di quei mari. Navigando così a lungo per il mare del Nord, erano pronti per il grande balzo. Con dodici navi superarono la Groenlandia, raggiungendo la Nuova Scozia e fissando un presidio sull'isola di Oak Island in Canada. I Cavalieri cercavano un luogo dove nascondere il tesoro – probabilmente fatto anche di documenti e conoscenze antiche – il principe cercava invece un luogo dove fondare una nuova colonia. Nel cercare questo posto, Sinclair è passato probabilmente dove adesso sorge la città di Westford, nel Massachussets, a poche miglia dall'attuale

Boston. È proprio lì che oggi si può osservare un primo segno templare: una lastra di pietra su cui è inciso un cavaliere con tanto di armatura... anche se alcuni geologi sostengono che le linee del disegno possano essere state prodotte dall'effetto della glaciazione sul lastrone che le contiene. Esisterebbero comunque anche altri reperti, testimonianza di quei lontani avvenimenti. Nell'isola di Oak Island è stato trovato un particolare pozzo che nel tempo hanno più volte tentato di profanare. Lì si dice che sia stata nascosta l'ultima parte del tesoro dei Templari. Dopo duecento anni di ricerche si è stabilito che questo misterioso pozzo è sicuramente frutto di opera umana. Le costruzione sotterranee dimostrano che chi lo ha realizzato possedeva avanzate conoscenze di idraulica.

I viaggi e le esplorazioni di Sinclair e dei navigatori italiani fanno parte della storia e non sono affatto leggenda. Avevano aperto una nuova rotta, una diversa via verso il Nuovo Mondo, che però fu mantenuta segreta per un centinaio di anni, finchè un nuovo navigatore, Cristoforo Colombo, scoprì – o forse riscoprì – l'America.

Il principe Henry Sinclair aveva un sogno: realizzare una città dove poter vivere in un mondo migliore. L'avrebbe chiamata "Arcadia", un luogo adatto anche a poter nascondere il tesoro dei Cavalieri Templari, di cui la sua famiglia sarebbe rimasta custode.

Di Arcadia rimane oggi solo una torre, e del tesoro forse solo un pozzo misterioso e inespugnabile.

Dei due protagonisti solo l'immagine diafana di una nave... che continua ancora a navigare nella vastità dell'oceano.

ALL'OMBRA DELL'ULTIMO SOLE

–Brrrr... che freddo che fa. Ero indeciso se venire qui oggi, con questa tramontana che sferza il viso e anche un po' l'anima. Il mare è pure abbastanza mosso e ci avviamo a grandi passi verso l'inverno. Credo che sia una delle ultime pescate che faremo; conviene più in là occupare il tempo libero in maniera diversa e meno esposti alle rigidità stagionali. Sembriamo come il pescatore della canzone di De Andrè che, "all'ombra dell'ultimo sole, siede assopito in riva al mare con un solco lungo il viso, come una specie di sorriso".
–Beh, i solchi li abbiamo, cerchiamo di farci venire anche il sorriso.
–Non è facile per me sorridere in questo mese. Novembre lo trovo il periodo più triste dell'anno; è il mese dei colori grigi, dei termosifoni e stufe accesi che iniziano quasi a pieno regime la loro attività, e della pioggia battente: non proprio un panorama allettante insomma. D'altronde il lungo inverno è appena iniziato e l'umore risente della mancanza di luce dovuta anche al cambio dell'ora. Il corpo produce meno vitamina D e serotonina, si altera la produzione di melatonina – già diminuita di suo, data l'età – e i ritmi circadiani vengono così intaccati.
Alle cinque del pomeriggio è già buio e sembra che la giornata sia finita, quando in realtà mancano ancora molte ore. Questo può provocare tristezza e ansia, sentimenti da non sottovalutare.
–Parli bene, quasi da medico...
–Ti dirò... dopo tante letture su *Google* e video dei migliori specialisti e primari ospedalieri, che ho seguito su

You Tube, un surrogato di laurea credo di meritarlo. Dovrò farne richiesta al ministro Speranza.

–Non ci sperare su Speranza, non è più lui il ministro della salute!

–Peccato, e io che ci speravo... E adesso chi è?

–Il nuovo ministro è Schillaci.

–Chi, quello di Italia '90? Ma non faceva il calciatore?

–Ma dai su! E meno male che sei poco motivato, apatico e malinconico! Datti da fare e prepara la pastura, i pesci hanno bisogno di essere anch'essi motivati e incentivati. Sono creature sensibili e basta un niente perchè si disperdano in altri lidi.

–Sta a vedere che gli devo dar da mangiare e magari dopo cantargli pure la ninna nanna!

–La ninna nanna proprio no, ma basta che non intavoli, come sei solito fare, certi discorsi pesanti da digerire, altrimenti loro si spaventano e gireranno al largo. Il suono si propaga molto più velocemente perché l'acqua è meno comprimibile dell'aria e quindi la vibrazione viene trasmessa più rapidamente. Poi tu hai una voce acuta e vibrata.

–Che ci posso fare se sono un tenore drammatico?

–Ecco, fai pure il tenore, ma smettila di essere drammatico!

–Guarda che il timbro di voce è molto importante. Lo abbiamo citato prima. Pensa, per esempio, al carattere inconfondibile della voce di De André, al suo timbro profondo e pulitissimo (nonostante le sigarette che fumava anche durante il concerto), alla dizione precisa che snocciolava le parole arrotandole e rendendole aguzze o, viceversa, addolcendole e limandone le asperità. E pensare che da ragazzino lo trovavo oltremodo noioso, pesante e uggioso come certe giornate novembrine. L'unica canzone che mi piaceva era appunto "Il pescatore"... senza immaginare che da adulto lo sarei diventato davvero.

–Chi?... Pescatore tu?... Ma mi faccia la cortesia! Non ti offendere, ma sei solo un semplice pescatore da "pescheria"!

–Non sarò un pescatore provetto, come tu dici, ma la canzone – almeno quella – l'ho imparata e la so suonare. È uno dei miei cavalli di battaglia, insieme a tantissime altre del grande Faber...

A proposito, sai perchè veniva chiamato con questo nomignolo?

–No, perchè?

–A dargli questo soprannome fu l'amico Paolo Villaggio. I due si conobbero sul finire degli anni '50 e la loro amicizia durò fino alla morte di Fabrizio. Scrissero anche insieme il testo – divertente e spiritoso – di "*Carlo Martello ritorna dalla battaglia di Poitiers*".

Quando si conobbero, De André era solito utilizzare sempre i famosi pastelli "Faber-Castell" per scrivere e disegnare: la sua marca preferita. Villaggio trovò la cosa divertente, e allora trasformò il nome Fabrizio in Faber, prendendo spunto proprio dalle matite che De André tanto amava. Un nomignolo buffo e affettuoso, che adottarono ben presto tutti i suoi fans. Perciò Faber non è semplicemente una storpiatura del nome Fabrizio, ma ha un significato e un valore simbolico ben preciso.

–E com'è che ti sei poi ricreduto sul valore delle sue canzoni, tanto da farlo diventare il tuo cantautore preferito?

–È stato con la pubblicazione del *long playing* – come si chiamavano allora i vinili – "*Non al denaro, non all'amore, nè al cielo*" nel lontano 1971. Era ispirato ad alcune poesie tratte dall'Antologia di Spoon River di Edgar Lee Masters, e notai subito che la traduzione che aveva realizzato Faber era molto più bella e poetica dell'originale. Quel giorno ero entrato nella cara, vecchia Upim, nel cui reparto di vendita dischi e audio diffusione interna, avevano inserito un nuovo vinile dei New Trolls: "*Concerto grosso*", scritto dal maestro L. Bacalov. Mi piacque tantissimo quella contaminazione rock con la musica sinfonica, e avendo dei soldini da parte lo acquistai immediatamente. Mentre lo stavo pagando, inserirono sul piatto del giradischi (roba d'altri tempi!) il nuovo *ellepì* di De Andrè, e precisamente la canzone "*Un matto*". Fu un colpo di fulmine, tanto che mi ripromisi, non appena fosse stato possibile, di comprarlo, assolutamente. Chiesi di ascoltare in cuffia tutto il resto dell'album e me ne innamorai.

Era già da un po' di tempo che i miei gusti musicali erano decisamente cambiati e cominciavano ad attirarmi canzoni più di spessore, con arrangiamenti musicali nuovi e raffinati, e soprattutto con testi significativi e profondi.

Da allora Fabrizio De Andrè è stata la mia stella polare nell'ambito della canzone italiana d'autore.

–Beh, ce n'erano anche altri nel panorama musicale, a quei tempi.

–Sì, certo. Sempre nel 1971 acquistai in seguito anche l'album "*Fetus*" di Franco Battiato, dirompente e innovativo, con largo uso dell'appena nato *moog* e tanta sperimentazione elettronica. Ho apprezzato tantissimo, pur nella loro diversità, sia Faber che Battiato. Il primo sviluppava (poeticamente) temi sul sociale, occupandosi di umili ed emarginati; il secondo trattava mirabilmente la spiritualità e il tema del divino. Erano dunque complementari, e ascoltandoli entrambi ne rimanevi decisamente arricchito.

Mi piacevano enormemente poi anche altri cantautori, quali Francesco De Gregori – con il suo gioiellino

"*Rimmel*" – Edoardo Bennato, Lucio Dalla, Francesco Guccini, eccetera.

Non è questione di avere nostalgia per gli anni della giovinezza, ma è indubbiamente certo che gli anni '70 furono un'esplosione di creatività e innovazione musicale... altro che gli attuali artisti, tipici prodotti di insipidi e commerciali *talent show* televisivi!

–Il bello è che molti di loro vengono pure considerati "*big*" della canzone italiana, pur non avendo lanciato alcun brano di chiaro successo e valore, a differenza di come avveniva un tempo, quando tale temine te lo dovevi sudare e conquistare sul campo. Ormai si parla di musica "liquida", usa e getta, che dura lo spazio di un mattino per poi dissolversi come neve al sole. In questo è proprio liquida, davvero! È tecnicamente ben confezionata ed eseguita, ma è vuota di contenuti e senza alcun accenno ad una melodia che riesca ad affascinare, catturare l'orecchio, rimanere in mente, e soddisfare l'animo di chi la ascolta. Ma forse è colpa mia che sono troppo antiquato...

–Assolutamente no, è proprio come tu dici.

–Ma tu non puoi fare testo, sei troppo di parte, avendo più o meno la mia età. Convinciti una buona volta per tutte: sei diventato vecchio!

–Allora, per la proprietà transitiva e simmetrica dell'uguaglianza, lo sei anche tu!

–Che c'entra, ma io parlavo di te... e poi io, se lo sono, lo sono in maniera diversa!

Dai, non prendertela amico mio, stavo solo scherzando. Ti metto "spalle al muro" e ti voglio citare alcuni versi della bella canzone di Renato Zero, un altro nostro grande artista:

"Vecchio,
diranno che sei vecchio
con tutta quella forza che c'è in te.

Vecchio,
quando non è finita,
hai ancora tanta vita
e l'anima la grida
e tu lo sai che c'è...".

–Hai ragione, grande cantante e bellissime canzoni quelle di Renato Zero, ma le mie preferenze vanno al nostro Faber. Lo metto una spanna e più, su tutti.
Artista mai banale, nei suoi testi ha trattato storie di emarginati, prostitute, spiriti ribelli, avvicinandosi tanto al mondo della musica quanto a quello della letteratura. Non è un caso che alcuni suoi scritti vengano ormai studiati come vere e proprie poesie anche a scuola. Poeta e cantautore di grande raffinatezza, De André ha scritto alcune delle frasi più belle mai incise nella storia della musica italiana. Ogni suo testo andrebbe studiato a fondo.
Ti cito a titolo esemplificativo un verso famoso:
"Dai diamanti non nasce niente,
dal letame nascono i fior".

–Guarda che anch'io te ne posso citare tanti, ad esempio:
"Ci hanno insegnato la meraviglia verso la gente che
ruba il pane, ora sappiamo che è un delitto il non rubare
quando si ha fame".
–"Quei giorni perduti a rincorrere il vento, a
chiederci un bacio e volerne altri cento".
–"Pensavo: è bello che dove finiscono le mie dita
debba in qualche modo cominciare una chitarra."
–"Si sa che la gente dà buoni consigli se non può
più dare il cattivo esempio.
–"Per chi viaggia in direzione ostinata e contraria
col suo marchio speciale di speciale
disperazione".

–A questo punto ti cito tutto un brano che io amo tanto e che è stato il suo ultimo lavoro, il suo testamento artistico-spirituale: *"Anime salve"*

"Mille anni al mondo mille ancora
che bell'inganno sei anima mia
e che bello il mio tempo, che bella compagnia.
Sono giorni di finestre adornate,
canti di stagione,
anime salve in terra e in mare.
Sono state giornate furibonde
senza atti d'amore,
senza calma di vento,
solo passaggi e passaggi,
passaggi di tempo.
Ore infinite come costellazioni e onde
spietate come gli occhi della memoria,
altra memoria e non basta ancora,
cose svanite, facce, e poi il futuro.
I futuri incontri di belle amanti scellerate
saranno scontri
saranno cacce coi cani e coi cinghiali,
saranno rincorse, morsi e affanni per mille anni.
Mille anni al mondo, mille ancora,
che bell'inganno sei anima mia
e che grande il mio tempo, che bella compagnia...
Mi sono spiato illudermi e fallire,
abortire i figli come i sogni,
mi sono guardato piangere in uno specchio di neve,
mi sono visto che ridevo,
mi sono visto di spalle che partivo.
Ti saluto dai paesi di domani
che sono visioni di anime contadine
in volo per il mondo.

Mille anni al mondo, mille ancora,
che bell'inganno sei anima mia
e che grande questo tempo, che solitudine,
che bella compagnia...".

Anime salve fu l'ultimo album pubblicato, nel 1996, da
Fabrizio De André, prima della sua morte. Fondamentale
fu la collaborazione con Ivano Fossati, a cui si devono
gran parte delle musiche, mentre Fabrizio curò soprattutto
i testi. Nei successivi concerti *live*, lui presentava questo
lavoro, dicendo: «*Anime salve* trae il suo significato
dall'origine, dall'etimologia delle due parole "anime"
"salve", cioè spiriti solitari. È una specie di elogio della
solitudine. Si sa, non tutti se la possono permettere: non se
la possono permettere i vecchi, non se la possono
permettere i malati, non se la può permettere il politico: il
politico solitario è un politico fottuto, di solito. Però,
sostanzialmente quando si può rimanere soli con se stessi,
io credo che si riesca ad avere più facilmente contatto con
il circostante, e il circostante non è fatto soltanto di nostri
simili, direi che è fatto di tutto l'universo: dalla foglia che
spunta di notte in un campo, fino alle stelle. E se ci si
riesce ad accordare ancora di più con questo circostante, si
riesce a pensare meglio ai propri problemi, credo
addirittura che si riescano a trovare anche delle migliori
soluzioni, e, siccome siamo simili ai nostri simili, credo
che si possano trovare soluzioni anche per gli altri.
Con questo non voglio fare nessun panegirico, né
dell'anacoretismo, né del romitaggio. Non è che si debba
fare gli eremiti, o gli anacoreti. È che ho constatato
attraverso la mia esperienza di vita, ed è stata una vita
(non è che dimostro di avere la mia età attraverso la carta
d'identità), che un uomo solo non mi ha mai fatto paura,

invece l'uomo organizzato mi ha sempre fatto molta paura».

–Conosco anch'io bene quell'album di De Andrè. L'ultima canzone, "*Smisurata preghiera*", è una specie di riassunto di tutto il disco, quella che i letterati chiamerebbero la "summa".

E' una preghiera, una sorta di invocazione ad un'entità parentale, come se fosse una mamma o un papà, ma molto più grandi, molto più potenti. Noi di solito identifichiamo queste entità parentali, immaginate così potentissime, come divinità, chiamandole "Dio" oppure "Signore", e anche "Madonna".

In questo caso l'invocazione è pronunciata affinchè si accorgano di tutte le umiliazioni, di tutte le sofferenze, di tutti i torti a cui sono di solito sottoposte le minoranze, soltanto per il fatto di esserlo. E volendo potremmo attualizzare il discorso, accostandolo agli sciagurati avvenimenti di questi ultimi tre anni...

Le maggioranze hanno la cattiva abitudine di guardarsi alle spalle e di contarsi. Dicono: "siamo cinquanta milioni", "siamo un miliardo e duecento milioni"; "costituiamo l'85% della popolazione", e a seconda di questi numeri, approfittando del fatto di essere così numerose, pensano di poter essere in grado e soprattutto di avere il diritto di vessare, emarginare e umiliare quelli che non la pensano come loro, e che addirittura "pretendono" eticamente – secondo un diritto "naturale" e non solo giuridico-costituzionale – di adottare misure diverse.

La preghiera si chiama anche smisurata, proprio perchè è fuori misura, quindi probabilmente non sarà ascoltata da nessuno, ma per Faber bisogna ugualmente provarci.

–Oggi non ci resta che accontentarci di riascoltare, con i vari mezzi che ci propone l'attuale tecnologia, la sua voce inconfondibile e profonda, al chiuso della nostra stanza. E da quella voce continua a parlarci del suo mondo, di quell'incredibile folla dove ha trovato un'umanità a lui così cara, evitata da tutti i benpensanti, di cui ci ha raccontato le varie vite. Il suo spirito, imbevuto di anarchia e ribellione, gli ha consentito di andare ovunque, di leggere e capire tutto quello che gli serviva per dirci che il mondo, il suo, ma poi anche il nostro, aveva un altro aspetto. Anche il suo Dio, cercato e trovato lontano dai catechismi, contrastava con quello oscuro e distante raccontatoci a volte dall'alto di certi pulpiti, dentro chiese e fumose sagrestie, che forse non erano più la casa di tutti.

–Non gli è mancato davvero nulla nella vita. Addirittura l'esperienza terribile del sequestro di persona, insieme alla sua Dori Ghezzi. Fu la Barbagia il luogo scelto dai banditi, posto inospitale per chiunque. Furono prelevati una sera nella loro tenuta dell'Agnata, in Gallura. Presi alcuni abiti, furono costretti a seguire i banditi fino al nascondiglio, dove rimasero per ben quattro mesi. Quasi tutti i giornali parlarono di loro e le scarse notizie trapelate dai sequestratori alimentavano le ipotesi più nere. Non ebbe però mai sentimenti di odio nei confronti dei suoi carcerieri, anzi addirittura li perdonò al processo, perchè potendo fare loro del male, ne ebbero rispetto e furono da essi trattati bene. La sua intelligenza gli aveva permesso di perdonare e di amare le persone che pur vivendo nella terra rude, rudi non erano.

–Io credo che a Faber piacerebbe pochissimo questo mondo che anno dopo anno è così tanto cambiato. È andato via come se si pensionasse dalla vita, nonostante la bellezza della sua presenza sulla terra; probabilmente avrebbe potuto dire ancora chissà quanto, cosa che nessun "intellettuale", pavido e legato al suo orticello, si è sognato di proferire in questi ultimi anni.

Non possiamo sapere se stesse per comprenderlo; la sua scomparsa però, ha reso grandissimo ancor di più tutto il suo percorso e impoverito alquanto il nostro panorama artistico e culturale.

– Se i nostri padri greci avevano i miti, oggi noi abbiamo la letteratura e la musica d'autore per imparare cos'è la vita, la lezione più utile di tutte, ma per la quale non esiste un corso di laurea istituzionalizzato. Grazie a Dio esistono i creativi e gli artisti di qualunque genere e non sbaglio se dico che Fabrizio De André è stato il più grande cantautore italiano di tutti i tempi, e ha attraversato col suo carisma tutta la seconda metà del Novecento. La sua fama e il suo intervento nella società, tramite la sua arte, sono ancora vivi, la sua lezione è molto lontana dall'essere dimenticata, il suo esempio ha ancora molto da dire, e i suoi testi sempre poeticamente attuali.

«*Libertà l'ho vista dormire*
nei campi coltivati
a cielo e denaro
a cielo ed amore,
protetta da un filo spinato.
Libertà l'ho vista svegliarsi
ogni volta che ho suonato
per un fruscio di ragazze
a un ballo,
per un compagno ubriaco...
E poi se la gente sa
e la gente lo sa che sai suonare,
suonare ti tocca
per tutta la vita
e ti piace lasciarti ascoltare...».

In molti di noi dimora e sussiste un "suonatore Jones", colui che offrì la faccia al vento, la gola al vino, e mai un pensiero... *non al denaro, non all'amore, nè al cielo*.

MEDITATE GENTE, MEDITATE

–Ciao Franco, come va?

–Caro Sergio, oggi sono, tanto per cambiare, un po' malinconico. So che è davvero l'ultimissima pescata – si fa per dire – che facciamo, e confesso che mi ero abituato ai nostri incontri da scogliera, in riva al mare. Penso che mi mancherà quest'aria frizzantina e intrisa di iodio, mi mancheranno i sussulti ondulatori e ritmici del mio galleggiante sulla superficie dell'acqua. Ne rimanevo spesso ipnotizzato, cercando di seguirlo con lo sguardo, nella speranza che andando a fondo segnalasse finalmente un abboccamento.

–Il problema è che non solo tali ondeggiamenti ti ipnotizzavano, ma anche certi nostri discorsi intrapresi a corredo del tempo trascorso qui a pescare.

–Eh sì, mi mancheranno anche e soprattutto quelli. Potremmo riprenderli e continuarli in città, durante l'inverno, ma non sarebbe la stessa cosa: qui in riva al mare c'è tutta un'altra atmosfera! Oltre ad essere un soggetto poetico, ritratto da pensatori e artisti di ogni epoca, il mare ha anche un potere salvifico e ristoratore per l'uomo, fungendo da medicina per il fisico e la psiche. Non credo che i pesci la pensino in maniera così poetica però... ma è proprio così.

–Ma dai, lo sai benissimo che gli abbiamo tenuto solo compagnia, e lo possono confermare anche loro...

–Sì, certo, e li abbiamo pure abbondantemente rifocillati, direi!

–"Il mare non è mai stato amico dell'uomo. Tutt'al più è stato complice della sua irrequietezza", scriveva Conrad. I pesci che nuotano, gli scogli, il movimento delle onde, le navi che passano: il mare è davvero un continuo miracolo.

Il contatto con la natura e con l'acqua del mare non produce soltanto un senso di calma, ma è utile anche per riconnettersi con se stessi e con il mondo, sperimentare un senso di rinnovamento, e aumentare l'autoconsapevolezza. Disconnettendoci dall'ambiente caotico in cui viviamo per la maggior parte del nostro tempo, possiamo godere dell'aria marina, riportandoci ad un ritmo costante e lento, privo di frenesia.

–Lo sciabordio delle onde del mare favorisce uno stato meditativo. Il loro suono genera calma e serenità, raggiungendo le componenti emozionali più profonde, stimolando il pensiero creativo e favorendo gli stati di chiarezza mentale. Qui ci troviamo sulla scogliera per ovvi motivi, ma se camminassimo lungo la riva con il contatto diretto dei piedi sulla sabbia e nell'acqua, avremmo un senso di benessere e libertà.

–Anche nuotare in mare porta benefici: quando ci immergiamo, ci lasciamo sostenere dalla forza dell'acqua e avvertiamo una piacevole sensazione di leggerezza...

–Franco, sai cosa sto pensando? Per la prossima estate, potremmo abbandonare queste nostre sfigate canne e, visto che la montagna non va da Maometto, sarà Maometto ad andare da lei...

–Da loro, vuoi dire! Ho capito che ogni tanto partorisci delle strane idee. Secondo te, noi uomi di scogliera, dovremmo immergerci in acqua per rendere visita a quei signori pesci così restii a fare la nostra conoscenza? Ma non se ne parla proprio... a questa età, poi! Se vogliono far parte del nostro menu, bene, altrimenti continueremo a mangiare broccoli e ortaggi vari, che ultimamente è pure molto più *trendy*, etico, e sostenibile!

–Amico mio, mi sembri però un po' stressato. Tutti questi nostri incontri qui sulla scogliera, davanti a questo splendido mare, non ti hanno evidentemente rilassato. C'è qualcosa che ti rode forse?

–Ma no, non c'è nulla di particolarmente problematico, tutto scorre come sempre... sarà probabilmente un fatto stagionale, saranno i cambiamenti repentini di tempo, sarà forse quest'ultimo scirocco che mi appesantisce la testa e le giunture, già così provate dal peso degli anni...

–Ma quali anni! E allora cosa dovrei dire io che sono sei mesi e un giorno più vecchio di te?

–Ah, quindi per così poco saresti più vecchio?

–Be, quei sei mesi e un giorno, nella normativa burocratica, si arrotondano ad un anno, quindi ti supero abbondantemente come età!

–In una nostra precedente conversazione abbiamo detto che c'è un'età interna, una esterna, e...

–Sì, e una alterna-interna, poi una alterna-esterna, una anagrafica, poi un'altra che è quella che ti affibbia la gente...

–Ho capito, vuoi arrivare al concetto espresso da Pirandello in "Uno, nessuno e centomila".

–Non esattamente, ma più o meno è proprio così anche nella valutazione che gli altri fanno sulla tua età.

L'altro giorno la ragazza di mio figlio mi ha fatto i complimenti perchè a suo dire non dimostravo l'età anagrafica (avevo in verità da poco fatto lo shampoo) e alla mia domanda ha risposto che dimostravo precisamente almeno un anno in meno!... L'avrei strozzata come i capponi di Renzo! Poco ci mancava che dicesse per maggiore esattezza " sei mesi e un giorno" anche lei.

Un altro affronto poi l'ho subìto tempo fa. Ho scoperto un supermercato dove ogni martedì fanno lo sconto del 10% sulla spesa, riservato ai pensionati. Ignaro, mi avvicino alla cassa per pagare e, nel fare il totale, la ragazza mi avvisa, tutta soddisfatta e giuliva, che mi ha applicato lo sconto-pensionati.

–Beh, e non sei rimasto contento?

–Contento un corno! L'ho ritenuto un affronto e gliel'ho pure detto. Da cosa si è accorta che sono pensionato? Dall'aspetto fisico, dalle rughe, dalle sembianze forse rétro, dai capelli brizzolati? Ma se i ragazzi di oggi non li hanno neanche i capelli, e sono tutti completamente calvi! È l'unico caso in cui avrei rinunciato benissimo allo sconto!

–Non fare troppo il Narciso. Questa dell'età è una tua fissa, un tuo nervo scoperto, mi sembra. Ricordati il pensiero di Eraclito: proprio tu me ne hai parlato tante volte, solo che a declamarlo agli altri è fin troppo facile... in quanto poi a metterlo personalmente in pratica, ce ne vuole!

–Senti, lo sai che mi stai facendo un po' agitare con queste tue urticanti punzecchiature? Anzi, sai che c'è? Al diavolo la pesca, conservo la canna e faccio un po' di meditazione, così spero di rilassarmi.

–E meno male che sarei io quello stressato!... Fammi capire cos'è questa meditazione, come si fa?

–Dovresti sapere che meditare, caro Franco, può offrire numerosi benefici per la salute e il benessere generale. La pratica della meditazione è nota per ridurre lo stress e l'ansia, migliorare l'attenzione e la concentrazione, promuovere la calma mentale e migliorare il benessere emotivo. Inoltre, la meditazione può contribuire a migliorare la qualità del sonno...

–Non vorrai mica dormire quassù!

–Lasciami finire di dire... ridurre la pressione sanguigna e promuovere un senso generale di calma ed equilibrio. Alcuni studi hanno dimostrato che la meditazione può portare a cambiamenti fisici nel cervello, come una diminuzione dell'invecchiamento cerebrale e un miglioramento delle funzioni cognitive, e migliorerebbe pure la capacità di pensiero creativo.

–Mai praticata in vita mia. So che ci sono molte risorse disponibili *online* per iniziare questa pratica, ma non l'ho mai fatta e ho trovato molto più semplice e pratico prepararmi invece una bella tisana di passiflora, biancospino, valeriana, tiglio, escholzia ed erbe affini.

–E ha funzionato?

–Per niente.

–E allora, vedi? È arrivato il momento di provare con la meditazione.

–Ma così...? Su questo pubblico scoglio...? Alla mercè del viandante che ci osserva dalla vicina piazza, o del gabbiano che svolazza, dello scirocco che impazza, e tutta la scena che imbarazza?

–Hai ragione, forse converrebbe spostarci in quella caletta, giù al riparo da tutto e tutti... ma prima buttiamo al vento o nell'indifferenziato le rime che hai fatto. Sono davvero grossolane e scadenti, che neanche in un cabaret dell'ottocento...!

Comunque, seriamente adesso, troviamo un luogo tranquillo e pacifico, un ambiente calmo e rilassante dove possiamo concentrarci senza distrazioni esterne.

–Meno male che d'inverno non ci sono più *bikini* e perizomi, altrimenti ci saremmo dovuti anche bendare.

–Ecco, imposta adesso un'intenzione specifica: determina perché vuoi meditare, se per migliorare la creatività, fissare obiettivi, calmare il tumulto interiore, o per connetterti spiritualmente.

Mettiti a tuo agio: siediti o sdraiati in una posizione comoda. Puoi usare questo cuscino oppure il tuo seggiolino da pesca, per sostenere meglio la tua postura.

Concentrati ora sul respiro: fai respiri lenti e profondi, gonfia l'addome, quasi come se dovessi riempire d'aria la pancia, e presta attenzione all'aria mentre entra ed esce. Questo aiuta ad ancorare la tua attenzione e calmare la mente. Sii paziente: ricorda che la meditazione è una pratica e ci vuole tempo per calmare la mente. Non scoraggiarti se i tuoi pensieri vagano. Riconoscili semplicemente e riporta delicatamente la tua attenzione sul respiro o sul punto di messa a fuoco scelto.

Iniziamo con una breve sessione meditativa, aumentando gradualmente la durata man mano che ti sentirai più rilassato. Ricorda, ci sono diverse tecniche e stili di meditazione, quindi è importante esplorare ciò che funziona meglio per te.

–Posso provare, ma so già di essere un tipo ostico e refrattario a simili cose. Una volta un cosiddetto esperto in ipnosi si disse certo che sarebbe riuscito ad ipnotizzarmi. Glielo lasciai credere all'inizio, ma io so che ho necessità di tenere sotto controllo tutto ciò che avviene attorno a me. Ero perciò vigile, e al momento opportuno lanciai di proposito un urlo, facendolo spaventare. La mia refrattarietà è a prova di bomba.

–Sì, ma qui l'ipnosi non c'entra. Ti devi tranquillamente rilassare e concentrarti sul respiro. La meditazione è una pratica stupenda e ripaga abbondantemente l'impegno che richiede i primi tempi. È soltanto all'inizio, infatti, che la meditazione comporta uno sforzo, quello di acquisire una nuova abitudine. Poi rimangono soltanto i benefici di questa pratica che sono di portata così ampia che difficilmente la abbandonerai.

–Io che sono pigro e amo la comodità, posso meditare coricato?

–Veramente agli inizi non te lo consiglio, rischieresti di addormentarti. Non c'è niente di male ovviamente, ma la meditazione richiede presenza e perciò devi poter raggiungere uno stato di rilassamento vigile. Questo bel tramonto sul mare ti sarà senz'altro d'aiuto per ottenere tutto questo con facilità.

–Devo dare atto che è davvero uno scenario poetico, il pomeriggio odierno. Sembra una spremuta di arancia e limone in acqua blu, con leggere venature di sole rosso infiltrato fra nuvole evanescenti. Una meraviglia: già mi sento più rilassato osservando tutta questa bellezza.

–La meditazione con l'aggiunta di una visione della natura così seducente, è ancora più coinvolgente e fruttuosa.

Devi sapere che praticarla regolarmente è senza dubbio uno dei metodi più efficaci per attivare anche la ghiandola pineale. Alcuni esercizi sono pensati proprio per favorire il buon funzionamento e il risveglio di questa minuscola ghiandola, che a una certa età comincia ad essere alquanto stanca.

–Ne ho sentito parlare in termini di "terzo occhio".

–Esattamente. Oltre che a regolare i ritmi circadiani del giorno-notte, sonno-veglia, estate-inverno, sembra essere anche un simbolo della mente inconscia; è l'occhio "non fisico" che è in grado di percepire la realtà più profonda dell'esistenza.

Aprire il terzo occhio è una tecnica antica, utilizzata per sviluppare le capacità percettive ed aumentare le nostre capacità mentali.

–Peccato che nell'era cosiddetta moderna, tante intuizioni e buone pratiche antiche si siano perse e siano state private del loro importante significato.

–Però avverto che ultimamente qualcosa sta cambiando. Le persone hanno capito l'importanza della spiritualità e si può notare un po' dappertutto un riavvicinamento e interesse verso queste tematiche. Molte anime sono nuovamente assetate di "senso" e s'incamminano lungo altri percorsi più elevati e trascendenti. C'è la volontà e una spinta misteriosa ad andare oltre la realtà, così come ci è stata imposta, e che pensiamo unica e vera nella nostra vita, e alla quale pertanto si contrappone secondo una visione dualistica.

–Ecco che come al solito, amico mio, il discorrere con te si fa serio e complicato. Vengo qui per un preciso motivo e finisce sempre che tu mi fai fare altro. Più che il mezzo che mi proponi e il suo messaggio, io avrei bisogno di un massaggio. Ho la schiena a pezzi, contratture dappertutto, lombosciatalgia, artrosi, e tu, invece di propormi un chiropratico, mi parli di meditazione...

–Per te ci vorrebbe un chiromante, altro che chiropratico!

–Ci manca pure un sensitivo e poi sono a posto! Ho un'allergia ai sensitivi, sono praticamente insensibile a questi, e so che ce ne sono pure tanti in giro che leggono la mano e usano tarocchi taroccati! No, non fanno certo al caso mio.

–Caro Franco, sei tu ad essere davvero complicato. Neanche gli algoritmi di un'intelligenza artificiale, quella che si è ultimamente tanto diffusa, riescono esattamente a decifrarti.

–Ti devo contraddire, amico caro. Sono invece "semplicemente" complicato, nè più nè meno come la maggior parte delle persone, e resto per questo ancora umano. È *l'A.I.* che tu hai citato – l'Intelligenza Artificiale – che vorrebbe prendere il posto e le prerogative umane, in un futuro già abbastanza prossimo. Ho letto tanto di questa spaventosa tecnologia, che forse abbiamo già iniziato a usare senza neanche rendercene conto. Gli elaboratori elettronici e i *robot* riescono a pensare umanamente e a risolvere qualunque problema, ricalcando il processo di pensiero proprio dell'essere umano.

Google, *Microsoft* e *OpenAI* hanno cominciato a creare modelli di grandi dimensioni, usando applicazioni dove l'*A.I.* usa, incamera ed elabora, testi digitali, libri, articoli, chat, formulazioni varie... in poche parole quasi tutto quello che si trova sul *web*. E così i *software* hanno creato schemi, imparato a generare testi e portato avanti conversazioni di senso compiuto.

–Sì è vero, queste applicazioni riescono, fra le altre cose, a generare anche racconti, romanzi, libri, musica, canzoni, proprio come se scaturissero dalla mente fervida di un artista.

–È tremendo tutto questo!

–Lo scopo ultimo dell'intelligenza artificiale consiste nella progettazione e nell'elaborazione di sistemi, tanto *hardware* quanto *software*, capaci di donare prestazioni apparentemente umane a un elaboratore elettronico.

–Senza errore alcuno?

–Gli errori sono ridotti al minimo e saranno via via sempre più perfezionati. Per esempio... hai trovato errori in tutti questi nostri discorsi dialogici che ho cercato di riportare fedelmente in questo libro?

–Perchè?... che significa?... Vorresti insinuare, per caso, che tutto ciò che è scritto in queste pagine non è reale, non è mai successo... e che noi non siamo mai realmente esistiti, se non nella fertile fantasia degli algoritmi di una miserabile *app.* di intelligenza artificiale...?

–E chi lo sa!... Forse... Potrebbe essere...

«Lascia lente le briglie del tuo ippogrifo, o Astolfo
E sfrena il tuo volo ove più ferve l'opera dell'uomo,
però non ingannarmi con false immagini
ma lascia che io veda la verità
e possa poi toccare il giusto.

Da qui, messere, si domina la valle.
Ciò che si vede è.
Ma se l'imago è scarno al vostro occhio,
scendiamo a rimirarla da più in basso
e planeremo in un galoppo alato
entro il cratere ove gorgoglia il tempo».

INDICE

Citazioni:

- **L'IMPOTENZA** di Giorgio Gaber e Sandro Luporini. Tratto dall'album "Far finta di essere sani".
- **LA MOSCA** di Claudio Lolli, tratta dall'album "Ho visto anche degli zingari felici".
- **SPALLE AL MURO** di Renato Zero, scritta da Mariella Nava.
- **ANIME SALVE** di Fabrizio De Andrè.
- **IL SUONATORE JONES** di Fabrizio De Andrè.
- **IN VOLO** di Francesco Di Giacomo – Banco del Mutuo Soccorso.

Printed in Great Britain
by Amazon

33854183R00098